LA

FRANCE & PIE IX

CRIS

DE DOULEUR ET D'ESPÉRANCE

PAR

L'Auteur de : LE GRAND PAPE & LE GRAND ROI

Ibi dolores ut parturientis. (Ps. 47.)
Speravi non confundar. (Ps. 70.)
Scio enim cui credidi et certus sum.
Sursum corda !!! (S. Paul.)

PRIX : 60 CENTIMES

TOULOUSE
ÉD. PRIVAT, LIB.-ÉDITEUR
Rue des Tourneurs, 45.

PARIS
Vve PALMÉ, LIB.-ÉDITEUR
Rue de Grenelle-St-Germain, 25.

—

1871.

LA

FRANCE & PIE IX

CRIS

DE DOULEUR ET D'ESPÉRANCE

PAR

L'Auteur de : LE GRAND PAPE & LE GRAND ROI

Ibi dolores ut parturientis. (Ps. 47.)
Speravi non confundar. (Ps 70.)
Scio enim cui credidi et certus sum.
Sursum corda !!! (S. Paul.)

TOULOUSE
ÉD. PRIVAT, LIB.-ÉDITEUR
Rue des Tourneurs, 45.

PARIS
Vor PALMÉ, LIB.-ÉDITEUR
Rue de Grenelle-St-Germain, 25.

1871

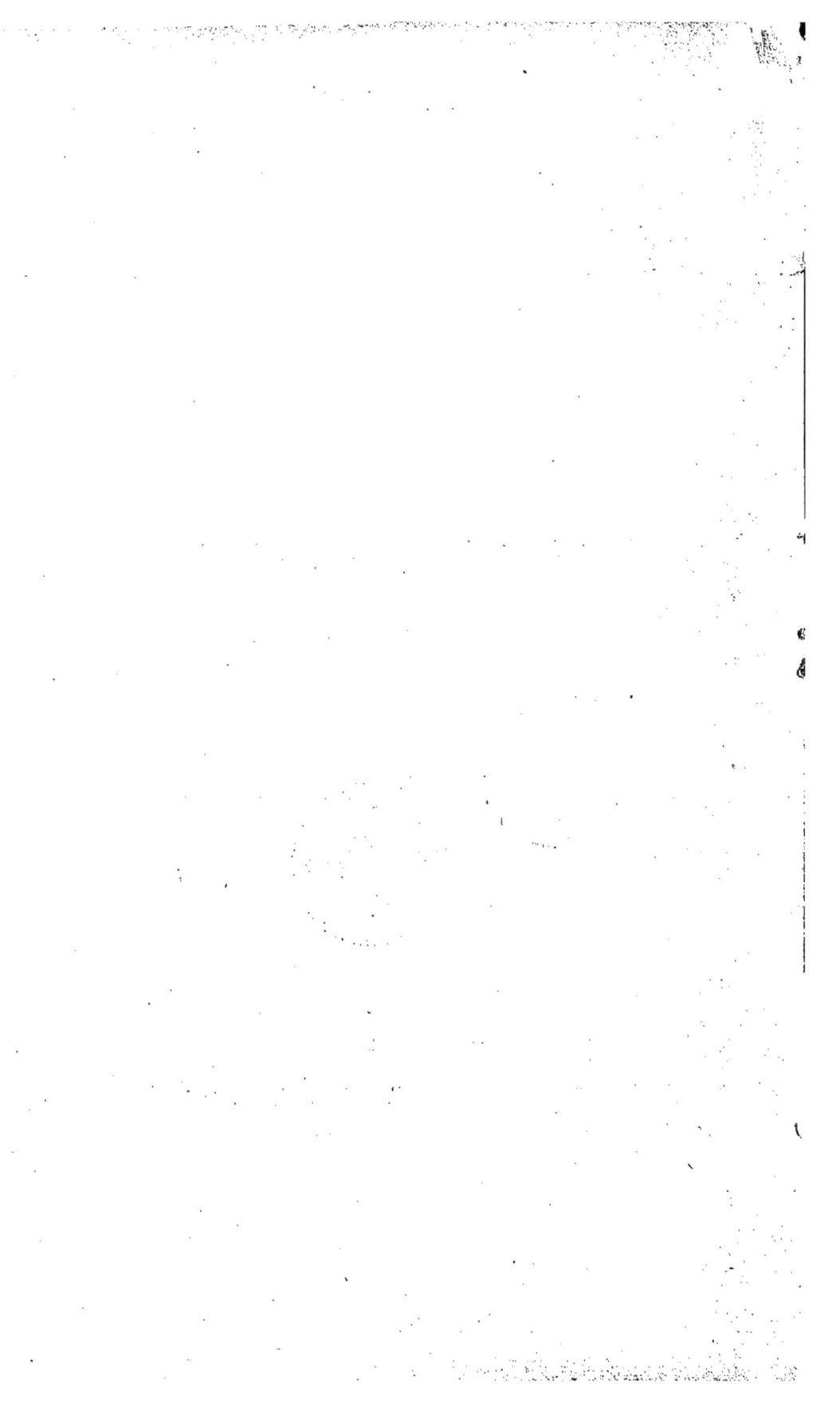

A PIE IX

A L'OCCASION

DU GRAND JOUR DE LA FÊTE DE SON PONTIFICAT

(23 AOUT 1871)

Très-Saint-Père,

Le Christ a dit : *Quand je serai élevé de terre j'attirerai tout à moi*, et l'heure de son sacrifice a été l'heure de son triomphe et du salut du monde.

Votre glorieux pontificat, Très-Saint-Père, a été un perpétuel sacrifice... Il prépare le grand triomphe de l'Eglise et le salut du monde, mais l'heure la plus douloureuse, la voici :

La puissance des ténèbres triomphe, elle s'applaudit et conspire toujours, elle prépare encore dans l'ombre de plus horribles forfaits, et, cependant, le Seigneur prolonge miraculeusement vos jours, et l'heure a sonné où votre glorieux pontificat, dépassant les ANNÉES, les MOIS et les JOURS de Pierre, rayonne sur le monde d'une splendeur nouvelle et offre à la terre le spectacle le plus merveilleux qu'elle ait jamais contemplé depuis la vie du Christ, dont vous êtes le vicaire, et la vie de Pierre dont vous êtes le successeur le plus glorieux et le plus crucifié.

Vos enfants d'Italie vinrent entourer, en ce beau jour, l'autel du sacrifice où vous immoliez la Sainte Victime, ils n'y étaient pas seuls, tous ceux que vous avez dans toutes les contrées de la terre y étaient avec eux ; mais parmi tous ces enfants dévoués, la première place appartient de droit aux Français, ne sont-ils pas les aînés de la grande famille ?

Oui, Très-Saint-Père, nous étions là ! Après vous avoir défendu quand vous étiez sur le trône, nos cœurs ne vous abandonnent pas aux jours de la tribulation, ils sont près de vous et ils prient avec des *gémissements inénarrables*, faisant monter jusqu'au ciel de *grands cris de douleur et d'espérance* dont ceux qui remplissent ces pages ne sont, hélas ! que le trop faible écho !

A la France.

O France! ô patrie bien-aimée! au milieu de toutes tes grandes douleurs, voici un jour de consolation et d'espérance! Arrête un instant tes larmes! Pie IX, ton père bien-aimé, a dépassé les *années*, les *mois* et les *jours* de Pierre.

O France! ô ma patrie! la gloire du Père et la gloire des enfants, comme son triomphe est leur triomphe! Ton plus grand honneur, tu le sais, est d'être la fille aînée de l'Eglise et ta mission par excellence est de défendre son glorieux Pontife. Réjouis-toi, voici un nouveau triomphe pour l'Eglise, ta mère; voici un grand jour pour Pie IX, ton père bien-aimé! Depuis Pierre, il ne s'en est pas levé un aussi magnifique pour aucun Pontife.

Tu aurais voulu être près de ton Père, en ce beau jour, l'épée à la main pour broyer ses ennemis; mais ne te désole pas, tu es encore puissante par ton cœur, ton amour, tes larmes, tes prières, tes espérances et tes protestations. Je vois déjà le sang gonfler de nouveau tes veines pour être répandu, jusqu'à la dernière goutte, pour la sainte cause de *Dieu et de la Patrie!*

L'heure du combat et de la victoire sonnera bientôt, et ces cris de douleur et d'espérance, dont je remplis ces pages, bientôt feront place aux cris de bonheur, de triomphe et de gloire!

Dieu le veut! Dieu le veut!

O France! le plus brave de tes héros, le lendemain de la bataille où ses zouaves avaient été broyés, disait aux soldats invincibles qui lui restaient encore :

« Nous avons laissé là-bas bien des nôtres, mais leur sang ne sera pas perdu pour l'Eglise, pour la France et pour nous. Les protecteurs que nous avons dans le ciel nous aideront dans les combats qui nous restent encore à livrer.

« Fiers de notre passé, forts de notre présent, nous pouvons saluer avec joie l'avenir! »

O France! ô patrie bien-aimée, l'avenir est à toi et à l'Eglise catholique ta mère!!!

Croisade! croisade!

Dieu le veut! Dieu le veut!

CRIS DE DOULEUR & D'ESPÉRANCE

La France et Pie IX sont ensemble sur le calvaire.

La France et Pie IX, associés dans la douleur le seront dans le triomphe, et la mesure de ce triomphe sera la mesure de cette douleur.

Pie IX souffre, mais il espère, ô France, pourquoi souffrirais-tu sans espérance? Viens apprendre à espérer en contemplant Pie IX.

Il ne dit pas d'où lui viendra le secours? Il sait qu'il ne doit l'attendre que de Dieu seul; il ne l'a jamais attendu que de lui, et il sait que Dieu le lui enverra par la France.

O France, prépare-toi à secourir ton Père! En contemplant ses douleurs enflamme ton amour, et deviens forte et invincible en contemplant son invincible courage.

Il offre à la terre un spectacle digne des cieux et de toi!!!

Français, contemplons notre Père.

*
* *

Rome est prise, le Pontife est captif, les bourreaux, comme des lions rugissants, rôdent autour de la victime, ils ont déjà désigné peut-être le jour et l'heure de l'attentat... Paris a été la proie des flammes, la croix du Panthéon est renversée, et Voltaire que *Sodome eût banni* est sur son piédestal!!!

Ils disent, enfin, nous sommes vainqueurs! nous

en avons fini avec cette vieille religion du Christ, avec toutes ces momeries, toutes ces ridicules pratiques, au moyen desquelles ils voulaient nous tenir captifs, comme on tient captif un enfant dans ses langes ! Religieux, prêtres, évêques, pape, tristes demeurants d'un autre âge, vains fantômes qui pouvez encore tenir quelque place dans le cerveau malade de quelque pauvre femme et de quelques petits enfants, vous n'en tenez plus dans le nôtre, vous ne faites qu'embarrasser le char social qui marche ; partez, disparaissez de la scène du monde, ne nous parlez plus de votre Dieu et de votre Christ, c'est nous qui sommes les dieux du monde nouveau. Nous n'avons plus besoin de votre Dieu.

Nous allons créer une société nouvelle et vous n'en serez pas, et alors tout sera parfait, admirable, splendide, sublime !

Et surtout rassurant et joyeux ! — Nous en savons quelque chose !!...

Rien n'est nouveau heureusement sous le soleil; si c'était pour la première fois que l'humanité a ce spectacle de folie humaine en face de la sagesse de Dieu, et du néant de l'homme en face de sa puissance infinie, il y aurait de quoi s'étonner et on pourrait commencer à craindre ; mais voici des paroles que toutes les générations ont entendues depuis plusieurs milliers d'années, répétons-les à la génération présente :

« J'ai vu toutes les choses qui sont sous le soleil, et voilà que tout n'est que vanité et affliction d'esprit. Les pervers difficilement se corrigent et le nombre des insensés est infini. » (*Du livre de la Sagesse,* Eccl.)

Le Prophète a vu aussi un autre spectacle :

« J'ai vu l'impie adoré sur la terre ;
Pareil au cèdre, il cachait dans les cieux
    Son front audacieux ;

Il semblait à son gré gouverner le tonnerre,
Foulait aux pieds ses ennemis vaincus :
Je n'ai fait que passer, il n'était déjà plus. »

Ce spectacle de la justice aux prises avec l'iniquité, et de la religion sainte du Christ aux prises avec Satan et ses adeptes, n'est pas un spectacle nouveau ; il a toujours ravi le cœur de Dieu, des anges et de tout ce qu'il y a de grand dans l'humanité.

Il est offert en ce moment à la terre, il ne faut pas qu'il passe inaperçu.

Nous supplions tout ce qui a encore un cœur et une tête de s'arrêter avec nous un instant devant lui et de se donner les joies si consolantes et si pures de cette contemplation : celui qui le contemplera, s'il a comme nous des larmes dans les yeux, trouvera bientôt, lui aussi comme nous, un cantique de triomphe sur ses lèvres !

*
* *

« Il a fallu que le Christ souffrît pour entrer dans sa gloire. »

Il a fallu qu'il passât par les angoisses de Gethsémanie, par les humiliations et les tortures du Calvaire, par les horreurs et l'abandon du sépulcre pour arriver aux splendeurs de la résurrection !...

Voilà la grande loi. Tout ce qui est grand, tout ce qui est divin doit s'y soumettre. Cette loi, il ne suffit pas de la connaître, il faut l'accomplir, et il faut être saintement fier de la voir s'accomplir en nous et dans l'Eglise de Dieu !

Les époques où cette loi se généralise et s'accomplit sur une grande échelle sont les grandes époques de l'humanité, ce sont les époques de régénération, de transformation et de triomphe !

Nous sommes à une de ces grandes époques, nous

n'hésitons pas même à dire que depuis le Christ, il
n'y en a pas eu de si grande, de si décisive.

Il y a une ville que Dieu s'est plu à faire grande
entre toutes les villes du monde : *Rome*.

Il y a un homme que Dieu s'est plu à faire grand
entre tous les hommes : Pie IX.

De toute éternité il était écrit que Rome serait en-
vahie et Pie IX persécuté, pour que l'Eglise retrouve
sa liberté et que le monde soit sauvé.

Encore quelques jours, demain peut-être, et l'Eglise
sera libre et le monde sauvé, et Rome et la Papauté
seront plus glorieuses qu'elles ne l'ont jamais été.

Scio cui credidi et certus sum!

Que tous nos cœurs et tous nos regards soient
donc fixés sur Rome et sur Pie IX, associons-nous
avec un saint enthousiasme à cette lutte sublime par
nos prières, nos sympathies et nos propres douleurs,
et nous sommes certains d'avoir bientôt notre part
des jours et des gloires du triomphe.

*
* *

Encore quelques jours et la phase de l'épreuve qui
dure encore fera place à la phase du triomphe, et
l'*Eglise qui a semé dans les larmes recueillera dans la
joie*.

Ces paroles providentiellement choisies pour texte
du discours d'ouverture du Concile placées pour
devise en tête de notre première édition doivent se
réaliser à la lettre. L'heure du triomphe approche :
maintenant, je me lève, s'écrie le Seigneur :
Nunc exurgam dicit Dominus (Ps. II , 6). Quand le
lecteur lira ces pages, ce grand triomphe de l'Eglise
en vue duquel nous les avons écrites, sera peut-
être accompli et l'univers aura assisté au spectacle
le plus étonnant et le plus inattendu qu'il ait jamais

contemplé. Pour apprécier quel sera le triomphe, il n'y a qu'à mesurer l'épreuve. « *La mesure de l'épreuve est infailliblement la mesure du triomphe.* » Le prophète l'a dit et l'expérience de tous les siècles le prouve.

Les païens eux-mêmes avaient compris cette grande vérité, quand ils disaient que le ciel tout entier semblait interrompre ses félicités pour contempler le spectacle sublime de l'homme juste aux prises avec l'adversité. Et le grand Paul, captif, enchaîné, flagellé, conspué, s'écriait :

« Oui, voilà que nous sommes devenus un spectacle pour Dieu, pour les anges et pour les hommes. »

Ce spectacle de la justice luttant contre l'iniquité, de la vérité luttant contre l'erreur, de la sainteté luttant contre toutes les ignominies du crime, n'a jamais eu des proportions si vastes et des aspects si nouveaux et si splendides que ceux qui ravissent en ce moment nos regards et passionnent nos âmes.

Dieu et Satan qui semblaient se mesurer de loin, ce dernier redoutant la terrible lutte, se sont enfin rencontrés ; un duel gigantesque est engagé, et le champ de bataille est placé au centre même du monde civilisé, c'est la Ville Eternelle qui est le théâtre prédestiné pour le grand combat et la solennelle victoire.

Que vous le vouliez ou que vous ne le vouliez pas, c'est à Rome qu'il faut que les grandes choses s'accomplissent : *Velimus, nolimus, rerum caput Roma erit* : C'est à Rome que va se décider de nouveau le sort de l'humanité.

La grande guerre de Prusse, la guerre civile plus horrible encore et l'incendie de Paris, ont détourné un instant les regards de la Ville Éternelle ; c'est à tort. Ce n'est pas en France, ni en Prusse que se joue le drame divin, c'est à Rome : tout ce qui se fait tout ce qui se dit au dehors, n'est qu'un en-

tr'acte : le théâtre du grand drame est à Rome:
tout le reste n'est que très-secondaire dans le plan
providentiel ; ce n'est qu'une ombre pour faire res-
sortir le tableau, sur lequel l'artiste divin trace son
chef-d'œuvre. Je vois déjà les linéaments et les
contours de cette œuvre immortelle ; quand le peintre
céleste lèvera le voile qui la couvre, l'univers étonné
tombera à genoux et s'écriera : Vous êtes seul juste,
ô Seigneur ! seul grand, seul tout-puissant !

Petites fourmis, vous vous agitez dans les misérables intrigues et les mille petites ruses de votre
diplomatie, et vous croyez soulever le monde ; vous
prenez un grain de sable pour des montagnes et
vous dites : c'est nous qui sommes les arbitres de la
terre ! Pauvres insensés, vous n'êtes que des instruments dans les mains du Seigneur, et quand vous
pensez ne faire que votre œuvre, c'est celle de Dieu
que vous êtes forcés d'accomplir. Or Dieu s'occupe
avant tout de son Eglise, et il n'aime rien tant au
monde que sa liberté, dit Baronius : « *Nihil tam
diligit Deus in mundo quam libertatem Ecclesiæ.* »

Au moment où vous ne pensiez qu'à lui forger des
chaînes, c'est précisément alors que vous avez tra-
vaillé pour sa délivrance. La liberté, le triomphe de
l'Eglise voilà la grande question, elle domine toutes
les autres de toute la distance qui sépare la terre du
ciel.

Il y a deux grands acteurs dans ce drame solennel, dont Rome est le théâtre : Dieu et Satan. Celui-ci travaille à enchaîner, à détruire l'Eglise, Dieu
travaille à la rendre libre, à l'exalter.

Le Concile du Vatican et le Pape infaillible, sont
les deux moyens par excellence préparés par Dieu
pour cette exaltation.

La Franc-Maçonnerie et l'Internationale sont les
deux moyens de destruction et de ruines préparés

par Satan. Pie IX vient de nous dire que Satan se
sert d'un troisième moyen encore plus dangereux
que les deux autres : le *Catholicisme libéral* conduit
aussi à l'abîme, mais en le couvrant de fleurs.

Rome est le grand, le seul objectif de Satan ;
il a juré avec toute sa secte d'anéantir la Rome chrétienne, et dans Rome c'est le Pape, c'est la religion,
c'est Dieu et son Christ qu'il poursuit de sa rage
insensée !

*
* *

Il a entraîné presque toute la terre avec lui dans
ce combat sacrilége : les rois, les princes eux-
mêmes combattent sous ses étendards et leurs am-
bassadeurs ont fait cortége à l'envahisseur, qui vient
de planter, au Capitole, son drapeau insultant ! La
France, l'Autriche et la Belgique ont eu la gloire de
s'abstenir. Le sang de leurs zouaves martyrs la leur
a méritée.

Cet attentat solennel a été prévu, et le grand
événement qui va le suivre est annoncé depuis
longtemps à la terre ; écoutez d'abord le Prophète
(Ps. 2) :

« Pourquoi toutes les nations ont-elles frémi et
« tous les peuples ont-ils formé des complots in-
« sensés ?

« Voilà que tous les rois et tous les peuples de la
« terre se sont réunis ensemble contre le Seigneur
« et contre son Christ.

« Ils ont dit : foulons aux pieds les lois du Sei-
« gneur, jetons son joug loin de nous.

« Mais celui qui est au ciel se rit de leurs com-
« plots et le Seigneur les méprise.

« Il va leur faire entendre la parole de sa colère
« et il va les bouleverser dans sa fureur.

« Celui qu'ils voulaient anéantir va triompher et

« il s'écriera dans sa victoire : Voici que je suis éta-
« bli par lui Roi sur la montagne sainte de Sion, et
« j'annonce à la terre ses divins décrets.

« Le Seigneur m'a dit : tu es mon fils bien-aimé,
« aujourd'hui même je t'ai engendré.

« Demande moi les nations pour héritage, et ne
« prends pour tes possessions d'autres limites que cel-
« les de l'univers.

« Et s'ils veulent encore te résister, conduis-les
« avec une verge de fer et brise-les comme on brise
« un vase d'argile.

« O princes du monde commencez enfin à compren-
« dre et vous qui jugez la terre instruisez-vous.

« Servez le Seigneur dans une sainte crainte, et
« tressaillez d'amour dans une respectueuse frayeur.

« Redoutez sa colère, soyez fidèles à sa loi.

« Car bientôt sa vengeance va éclater ! Bien heu-
« reux ceux qui auront placé en lui et leur con-
« fiance et leur amour ! »

Ce que le prophète a prédit, la voix du génie le
répète :

« Il faut nous tenir prêts pour un *événement immense
dans l'ordre divin* vers lequel nous marchons avec une
vitesse accélérée qui doit frapper tous les observa-
teurs. Il n'y a plus de religion sur la terre ; le genre
humain ne peut demeurer dans cet état. Les nations
reviendront sous la loi du Christ, et nous touchons
à la plus grande des époques religieuses, à une
époque sacrée dans les fastes du genre humain,
au plus grand événement du monde. Il n'y a peut-
être pas un homme religieux en Europe (je parle
de la classe instruite) qui n'attende dans ce moment
quelque chose d'extraordinaire. Je ne finirais pas si
je voulais rassembler toutes les preuves qui se réu-
nissent pour justifier cette grande attente. »

Voilà le cri prophétique que poussait M. de Maistre

dans ses *Soirées de Saint-Pétersbourg*. Dans un autre endroit, il insiste encore :

« Je ne puis me détacher de mon idée fixe et constante, que tout ce que nous voyons n'est qu'un avant-propos terrible, et que nous verrons un jour des événements aussi extraordinaires dans le bien que ceux que nous voyons aujourd'hui dans le mal. Le Prophète ne dit-il pas que Dieu sait extraire l'eau de la foudre : « *Fulgurem in pluviam fecit.* »

Le mal qu'a vu M. de Maistre, qu'était-il en comparaison de celui qui s'étale sous nos yeux ? Déjà Grégoire XVI, dans son encyclique : *Mirari vos*, s'écriait : « Nous affirmons qu'il est vraiment ouvert ce puits de l'abîme d'où saint Jean a vu s'élever à la fois une fumée qui obscurcit le soleil et une multitude de méchants nombreux comme des sauterelles qui ravagent la terre. » Si Grégoire XVI parlait ainsi, que ne pourrait pas dire maintenant notre immortel Pie IX ?

La même Apocalypse nous parle de trois *væ* ou époques maudites que l'Eglise doit traverser avant la résurrection dernière ; chacune de ces époques de malédiction doit être suivie d'une époque de triomphe, et le mal chaque fois doit aller croissant comme le triomphe ; d'après plusieurs commentateurs très-judicieux, nous serions en ce moment au *premier væ* ou premier *cataclysme social* : le triomphe du grand Pape et du grand Roi qui va le suivre nous amènerait au *second væ* ou *second cataclysme social*, qui sera encore plus épouvantable que celui-ci, puisque ce serait celui de l'antéchrist et le triomphe splendide qui suivra l'antéchrist, et qui durera au moins une centaine d'années, d'après l'opinion la mieux fondée, conduira le monde au *troisième væ* ou dernier *grand cataclysme du jugement dernier* que suivra l'éternel triomphe. Dieu fait ainsi toutes choses par degrés et les pré-

pare de loin : *Nihil facit per saltum* ; nous serions
donc arrivés aux grands événements apocalyptiques.

Ce qu'il y a d'incontestable, c'est qu'il faudrait fer-
mer les yeux pour ne point voir, que nous sommes
chaque jour à la veille d'un cataclysme tel qu'il n'y en
a pas eu encore sur terre ; la société tout entière est
sur un volcan dont l'éruption est imminente. Vienne
un homme aussi intelligent que pervers qui s'empare
de la révolution, incarnée dans l'Internationale,
s'identifie avec elle, la personnifie et la dirige, et
nous verrons ce que c'est que ce cataclysme social,
ce 93 universel que le Saint-Esprit a désigné sous le
nom formidable de *premier malheur, primum væ*. L'in-
vention des incendies au pétrole n'est-elle pas le
lointain prélude de l'incendie universel du monde
dont nous parle saint Pierre : « Il arrivera un jour
terrible où tous les éléments seront dissous par le
feu, où la terre entière et tout ce qui existe sur la
terre sera brûlé. » (2 Ps. 3, 10.)

« Tout annonce, je ne sais qu'elle GRANDE UNITÉ
vers laquelle nous marchons à grand pas... Espérance, espérance, saluons de loin cette UNITÉ. »

« L'Europe, a dit un célèbre publiciste contem-
porain (1), est sur une pente où nulle voix ne peut
l'arrêter, où nulle force humaine ne peut la retenir.
Elle touchera le fond de l'abîme. L'opinion ne verra
clair désormais qu'aux lueurs de l'incendie, » mais
ensuite viendra la résurrection.

★
★ ★

Sommes-nous à la veille de cette résurrection ?
Sommes-nous à la veille de cet ÉVÉNEMENT IMMENSE
DANS L'ORDRE DIVIN ? Cette GRANDE UNITÉ DANS CE
SIÈCLE va-t-elle bientôt se réaliser ?

---

(1) Louis Veuillot : *Pape et diplomatie.*

De Maistre disait encore : Si vous entendez dire :
on a dit la messe à Sainte-Sophie de Constantinople,
et à Saint-Pierre de Genève, répondez : Pourquoi
pas? — Cette nouvelle l'annoncera-t-on bientôt à la
terre? L'heure du triomphe de l'Eglise est-elle enfin
venue?

Nous croyons pouvoir répondre : OUI LES TEMPS
SONT ARRIVÉS.

A ceux qui hésitent encore, dites-leur avec le
Prophète : « Enfants des hommes, jusques à quand
aurez-vous des yeux pour ne point voir?... jusques à
quand vos cœurs seront-ils appesantis et comme pétri-
fiés?... jusques à quand vous laisserez-vous séduire
par le mensonge et aveugler par l'erreur? »

Ouvrez enfin les yeux, et en voyant les grandes
choses qui s'accomplissent, comprenez les grandes
merveilles que Dieu veut accomplir encore.

Les hommes avaient dit : Il n'y aura pas de Concile œcuménique, sa convocation est une folie et sa
réalisation une chimère !... réunissons-nous ensemble pour y porter obstacle.

Dieu, de son côté, avait dit de toute éternité : Il
y aura un Concile œcuménique, tel jour, à telle
heure et tous les évêques du monde seront convo-
qués au Vatican.

Et le Concile du Vatican a eu lieu au jour et à
l'heure indiqués.

Les hommes avaient dit : Dans ce Concile on ne
parlera pas de l'Infaillibité pontificale. C'est une question inutile, inopportune et dangereuse; si on la
soulève, le schisme va désoler l'Eglise et les puissances irritées vont nous livrer la guerre.

Dieu s'est ri de ces frayeurs puériles, il a dit:
C'est moi qui suis la prudence, c'est moi qui suis la
sagesse, c'est moi qui connais l'heure et le moment
opportun : ce n'est pas dans un temps éloigné, ce

n'est pas demain, c'est aujourd'hui que l'Infaillibité sera proclamée : *Ego hodie genui te !*

Ne craignez pas, il n'y aura pas de schisme dans l'Eglise, et les puissances de la terre au lieu de vous livrer la guerre seront assez occupées à la livrer entre elles et à se sauver elles-mêmes du mal intérieur qui les consume.

Et l'Infaillibilité a été proclamée au jour et à l'heure de Dieu, et il n'y a pas eu de schisme ; au contraire, il y a eu l'unité de foi et la soumission parfaite et les puissances de la terre , loin de batailler contre l'Eglise, ce jour-là commençaient entre elles de grands et effroyables combats.

Ainsi Dieu triomphe toujours ! Il se rit de la fausse sagesse et de la fausse prudence des hommes, il se rit de leur orgueilleuse folie.

« *Irridebo eos et subsannabo eos !* »

Mais, ce n'est pas assez, comme les hommes en s'éloignant de Dieu deviennent aveugles, stupides, et qu'ils ne voient que ce qu'ils touchent avec les sens, voilà que ce double triomphe du Concile et de l'Infaillibilité, si palpable, cependant, si éclatant, si visible, diparaît à leurs yeux hébêtés.

Tout ce qui est de l'ordre surnaturel et intellectuel n'est plus compris par une société qui a collé son cœur et ses yeux à la terre.

Pascal a dit un grand mot :

« Dieu se fait partout sentir par sa Providence, mais lui se cache ! »

Jusqu'ici cette présence latente de Dieu avait suffi à l'humanité pour croire , espérer, craindre et aimer; maintenant, elle ne suffit plus, l'humanité, presque en masse ne croit plus et arrive jusqu'à la négation de Dieu ! elle lui ravit toute sa gloire en lui ravissant son cœur et sa foi.

Les peuples modernes sont descendus sous ce rapport au-dessous des païens, ceux-ci du moins ont toujours officiellement reconnu et honoré la Divinité.

« Il y a toujours eu des impies, dit M. de Maistre, mais en aucun siècle avant notre époque, il n'y eut au sein du christianisme une *insurrection contre Dieu*, jamais surtout on n'avait vu une conspiration sacrilége de tous les talents contre leur auteur... L'impiété s'étend de toute part avec une rapidité inconcevable ; du palais à la cabane, elle se glisse partout, elle infecte tout. »

Aveugles mortels, que faites-vous ! Vous ne connaissez donc pas *cette effroyable jalousie d'*UN DIEU, dont parle Bossuet !...

Ah ! malheur ! malheur à celui qui a l'audace de violer ses droits ! Mais toujours *l'abîme appelle un autre abîme.*

*
* *

Après avoir nié Dieu et le Christ et l'avoir chassé de leurs lois, les puissances de la terre ont déclaré la guerre à l'Eglise ; partout la pauvre Eglise a été insultée, chargée de chaînes, entravée dans son action bienfaisante, et aujourd'hui, elle voit son Pontife captif, exposé à devenir chaque jour la victime des sicaires du poignard après l'avoir été de ceux de la diplomatie.

« Nous sommes tous esclaves dans la personne du souverain Pontife, s'écrient tous les catholiques par la bouche éloquente de l'évêque de Nimes, dans son appel à l'Assemblée nationale. C'est une servitude qu'il est impossible à la France de supporter... La liberté de conscience, je veux dire la conscience catholique est particulièrement odieuse à la Révolution. Avec la Révolution, la conscience des voleurs, des assassins, des débauchés est à l'aise ; on lui reconnaît le droit divin de faire tout ce qu'il lui plaît.

Mais pour la conscience honnête et fidèle à la morale évangélique, il n'en va pas de même. On put en juger de 89 à 93 et de 93 jusqu'à la fin du Directoire. Plus récemment encore, on a pu s'en rendre compte par les exploits de la Commune de Paris depuis le meurtre des généraux Lecomte et Clément Thomas, jusqu'au massacre des martyrs de la Roquette et de Belleville. Telle sera toujours la Révolution ; nulle tyrannie ne se montrera plus atroce que la sienne vis-à-vis de la liberté de conscience. Eh bien ! ce monstre a maintenant sa tête à Rome même... Les Mazzini, les Garibaldi vont monter bientôt au Capitole, et je ne sais quelles autres bêtes fauves qui les entourent dans l'ombre ; s'ils y régnaient quelques jours, l'Europe verrait bientôt à quelle invasion dévorante de loups et de chacals, à face humaine, tous ses Etats vont être jetés en proie ! »

Eh bien, en face de cet avenir épouvantable, l'Europe se tait et laisse faire, elle ne proteste pas, elle ne dit rien, l'Assemblée nationale elle-même, dont la majorité est catholique et monarchique, n'a pas encore élevé la voix, de telle sorte que l'évêque de Versailles, rappelant à nos représentants les supplications encore inutiles de tous les autres évêques de France, se croit obligé de faire gronder le tonnerre des vengeances divines et de s'écrier : Prenez garde ! prenez garde : votre silence retomberait sur vous comme une malédiction !

« Si nous ne pouvons défendre encore nos droits catholiques les armes à la main, imprimons du moins par une solennelle protestation un stigmate indélébile au front d'un gouvernement spoliateur et parjure : en le faisant vous faites acte de haute politique, vous contribuerez à raffermir les principes dont le triomphe seul peut nous mettre à l'abri des formidables dangers qui menacent l'univers ! »

Tous ces cris éloquents restent sans réponse, et les voix des saints pontifes se perdent dans l'espace (1).

(1) Au moment où nous écrivions ces pages, la discussion sur la question romaine avait lieu à l'Assemblée nationale.

L'Assemblée, à une grande majorité, a adopté la proposition suivante :

« L'Assemblée, confiante dans les déclarations patriotiques et la prudence de M. le chef du Pouvoir exécutif, renvoie la pétition au ministre des affaires étrangères. »

Au fond, c'est une manifestation de l'Assemblée en faveur du Saint-Siége, mais c'est une manifestation sans valeur, puisque l'Assemblée déclare s'en rapporter à la prudence de M. Thiers, qui avait dit par avance qu'il ne ferait rien pour cette cause. C'est un vote d'impuissance. Les journaux franchement catholiques en ont gémi, et les journaux révolutionnaires se sont réjouis; cette tristesse et cette joie sont un critérium infaillible de la portée du vote. « Le discours de M. Thiers, dit l'*Opinione* de Milan, a mis un terme à une équivoque en donnant l'assurance aux réactionnaires, légitimistes et cléricaux que sa politique suit une autre voie que la leur. » Cette appréciation est parfaitement exacte. M. Thiers de tout temps, l'homme de la Révolution, comme il l'a proclamé lui-même du haut de la tribune, peut-il venir au secours de Pie IX, victime de la Révolution? M. Thiers est un petit aiglon à qui Satan a arraché les yeux dès son berceau, aussi n'a-t-il jamais perçu le moindre rayon des vrais principes religieux et politiques, et tandis qu'il aurait pu planer dans les régions élevées à cause des qualités exceptionnelles de son intelligence, il est toujours resté dans les basses régions des illusions révolutionnaires. La cause sainte de la Papauté est trop élevée pour lui, il l'a défendue un jour diplomatiquement, mais jamais il ne l'a comprise catholiquement; ce qu'il a bien compris et admirablement préconisé c'est la Révolution et l'Empire, et c'est précisément par l'Empire qu'il a été foulé aux pieds et par la Révolution qu'il périra.

La séance du 22 juillet, où il a si habilement trahi la mission de la France et la sainte cause du catholicisme lui sera fatale. On peut dire que dans cette séance on a officiellement procédé aux funérailles du pouvoir temporel, M. Thiers qui avait jeté à pleines mains des fleurs sur le cercueil a eu la chance de trouver un éloquent évêque, assez bien fasciné par lui pour s'en remettre aveuglément à sa prudence et jeter l'eau bénite, tandis que Gambetta et sa secte ricanaient sans

« Nous voilà donc abandonnés de tous! Pouvons-nous dire avec Daniel captif à Babylone : oui, nous sommes véritablement amoindris au delà de toute mesure, nous sommes les plus méprisés de la terre! »

« *Imminuti sumus plusquam omnes gentes, sumusque humiles in universâ terrâ !* »

« Il n'y a plus un seul prince de la terre qui prenne l'épée pour nous défendre, ni un seul grand orateur dans les assemblées qui prenne la parole pour protester! »

« *Non est in tempore hoc princeps gentis, non est propheta!* »

Debout, au milieu des ruines morales de l'humanité, Pie IX demeure seul, toujours calme, toujours invincible! abandonné de tous, il ne craint pas, il a crié vers le Seigneur :

« Levez-vous, ô Dieu puissant, et venez défendre

cesse conduisant le deuil, et que la bénigne majorité, tout en pleurant d'amour, livrait la victime. Deux hommes seuls ont été grands, le député de Toulouse, M. de Belcastel, en protestant avec une énergie chevaleresque, et le député de l'héroïque Belfort, le courageux Keller, en mettant à néant toute équivoque. La véritable France protestait avec eux en attendant l'heure de Dieu. Napoléon III avait dit : *L'Empire c'est la paix*, et M. Thiers vient de nous dire : Ma *politique c'est la paix!* et c'est sous prétexte de paix qu'il sacrifie Pie IX. Pauvres aveugles : oui! oui! appuyez votre paix sur l'injustice et l'impiété, vous avez là un bon fondement. *Pax! pax!* et *non erat pax !* Sacrifiez le droit et la justice, abaissez-vous, rampez tant que vous voudrez, cette paix que vous voulez, vous ne l'aurez pas! non ! non ! il n'y aura pas de paix dans le monde tant qu'on laissera faire la guerre à Dieu et à son Église. *Paix* veut dire : *Tranquillité de l'ordre*. Si vous voulez la paix, cessez de vous unir au *désordre* sous prétexte qu'il est fort et puissant, rentrez, rentrez vite dans l'ordre, flétrissez hautement le désordre si vous ne pouvez encore le combattre les armes à la main, ou attendez-vous aux plus tristes, aux plus lamentables calamités ; *mais ces choses sont cachées à leurs yeux et leurs cœurs sont endurcis!*

votre cause, vous êtes seul notre refuge, seul vous êtes notre secours ! »

« *Non est alius qui pugnet pro nobis nisi tu Deus noster !* »

Et le Seigneur du haut du ciel a entendu sa voix, il a regardé et il a vu sur la terre cette ville qu'il s'est choisie, cette ville qui n'appartient qu'à lui : le sang de ses martyrs a fait de cette ville un immense temple ; en toucher une seule pierre est un sacrilége, c'est là qu'il a rassemblé son Concile, c'est là qu'il a voulu élever un trône à son Pontife infaillible. Oh ! vous qui abandonnez cette ville et qui la livrez sans défense aux criminels envahisseurs, prenez garde !

Prenez garde à *l'effroyable jalousie de Dieu* ; je l'entends, il s'écrie : Puisque vous m'abandonnez, puisque vous venez m'insulter dans la cité sainte, je me lèverai : *Nunc exurgam dicit Dominus !* C'est moi qui vais prendre en main ma défense ! J'ai frappé, je frapperai encore ! J'ai dit aux barbares :

Barbares, partez de l'Aquilon, venez broyer sous les coups de votre fureur la France infidèle à la mission sainte qu'elle a reçue ; en la frappant, vous la purifierez afin qu'elle se relève sainte et régénérée pour accomplir les grands desseins que j'ai sur elle, et les barbares sont venus.

Paris, la grande cité était devenue la ville coupable entre toutes les villes, nouvelle Babylone elle a fait boire à sa coupe empoisonnée toutes les nations de la terre, elle a versé le sang de ses Rois et de ses Pontifes, elle s'est posée en rivale de ma cité sainte et a contesté les priviléges de mon infaillible Pontife. Elle a enfin consommé ses prévarications en élevant une statue à ce Voltaire que *Sodome eut banni ;* du haut du ciel j'ai vu ces forfaits et j'ai dit :

Ville coupable, je te visiterai dans ma fureur, et

tes propres enfants t'arracheront ta couronne de reine et te consumeront par le feu.

Et vous, enfin, sacriléges envahisseurs de ma ville sainte maintenant me voici ! Voici votre heure ! tremblez ! tremblez ! Entre vous et mon Pontife captif au Vatican, il y a un pont sacré que gardent les anges ! Prenez garde de le franchir. Dans les airs, le prince des anges, les ailes déployées, brandit dans ses mains le glaive de la justice.

Quis est Deus ? Qui est semblable à Dieu ?

Malgré ces menaces d'un Dieu irrité, le pont sera franchi, il faut que Satan aille se briser sur la *pierre*, il faut que ses cohortes infernales tombent dans l'abîme qu'elles ont creusé !

* *

Bonaparte campait à Tolentino, sur le Kiento, se préparant à entrer dans Rome le lendemain. Un historien de sa vie rapporte que le vainqueur ayant eu un songe, il changea de dessein. Sur ce thème, Monseigneur Dubreil, archevêque d'Avignon, composa dans sa jeunesse sacerdotale une ode très-belle, dont nous reproduisons avec bonheur les strophes suivantes qui ont aujourd'hui, plus que jamais, leur opportunité.

Rome est à Dieu.

La nuit sur le Kiento jetait son voile sombre ;
Seul, au milieu des siens qui reposaient dans l'ombre,
Le vainqueur, orgueilleux de son futur destin,
Veillait impatient sur le seuil de sa tente,
Accusant et la nuit et l'aurore trop lente
      A ramener le lendemain.

« O nuit, hâte ton cours ! Demain au Capitole
« Doit monter triomphant l'heureux vainqueur d'Arcole :
« Demain, Rome éveillée au bruit de mes exploits,
« Rome, le seul palais digne de mes conquêtes,

« Va se lever superbe avec ses grandes fêtes
    « Et ses triomphes d'autrefois ! »

Mais du camp tout à coup les tentes s'agitèrent ;
De sinistres clartés sur le héros passèrent ;
Son coursier tressaillit, et lui-même il trembla ;
Car il vit apparaître au sein de la tempête
Le Pontife romain qui devant sa houlette
    Arrêtait jadis Attila !

« Fuis... lui dit le vieillard : Dieu sur les sept collines
Peut seul asseoir son trône au milieu des ruines.
L'Univers est à toi, Rome est à l'Éternel !...
Sur ces débris fameux où régna la victoire,
Les siècles en passant ont laissé trop de gloire,
    Trop de grandeurs pour un mortel.

« Fuis ! depuis que ces murs, sur leur front séculaire,
Portent le nom du Dieu qui lance le tonnerre,
La victoire en ces lieux n'ose arrêter ses pas.
Malheur à qui, bravant sa foudre toujours prête,
Oserait disputer sa sublime conquête
    Au Dieu terrible des combats !

« Ah ! ne viens point briser ton char sur ces murailles
Qui de tant de héros ont vu les funérailles !

. . . .

« Ici, sur les débris des sceptres et des trônes,
Les rois ont en tremblant incliné leurs couronnes ;
C'est ici qu'à mes pieds vint tomber Attila.
Celui qui met un frein à la mer mugissante
Commande, et quand il veut, la terre obéissante,
    Elle aussi, doit s'arrêter là.

« Tu t'arrêteras là, quoiqu'à tes pieds tombée
L'Italie ait soumis à ta vaillante épée
Et son sceptre et ses rois attelés à ton char ;
Tu t'arrêteras là, quoiqu'armé du tonnerre,
Quoique, saisis d'effroi, les maîtres de la terre
    Aient pâli devant ton regard.

« En vain l'aigle superbe en son vol téméraire
Sur le vieux Capitole a retrouvé son aire,
Et réveillé la tombe où dort le peuple roi ;
En vain, fier conquérant, enivré de ta gloire,
Au monde comme toi trompé par la victoire
    Tu dis déjà : « Rome est à moi !... »

« Rome est à Dieu !... Tu peux sous ta main foudroyante
Remuer à ton gré la terre obéissante ;
Tu peux tout écraser de ton sceptre puissant ;
Mais Dieu seul règnera sur l'antique poussière
Où la mort aux humains d'une voix haute et fière
     Dit que Dieu seul est toujours grand.

. . . . Mais ma voix t'importune :
Ah fuis ! car si jamais, séduit par ta fortune,
Tu conduis la victoire en ce funeste lieu,
Une tombe t'attend sur des plages lointaines ;
Et plus docile, un jour, en secouant des chaînes,
     Tu t'écrieras : Rome est à Dieu ! »

Il dit : et quand, le jour, avec des cris de joie,
Comme l'aigle affamé qui découvre sa proie,
Le soldat s'élançait plein d'audace et de feu,
Le héros, l'œil en pleurs et la voix frémissante,
Disait, en arrêtant l'armée impatiente :
     Sortons d'ici : Rome est à Dieu !

Le 6 décembre 1866, assis sur son trône, et entouré de sa cour, Pie IX recevait en audience le général de Montebello et tous les officiers de l'armée d'occupation, qui aux termes de l'hypocrite convention de septembre allaient rentrer en France. « Il ne faut pas, leur dit-il, se faire illusion, la Révolution viendra ici... Elle viendra arborer le drapeau révolutionne au Capitole... Mais vous le savez comme moi, la Roche tarpéienne est près du Capitole !... Pour moi, je suis tranquille ; celui qui est la plus grande puissance, Dieu, me donne la force (1). »

(1) Ce qu'avait prédit Pie IX s'est réalisé. La Révolution est à Rome, elle est montée au Capitole, et c'est du Capitole qu'elle a prononcé les oracles que voici, et elle les croit infaillibles :

« Nous sommes à Rome et nous y resterons. »

« Rome nous appartient et malheur à qui voudra y toucher. »

« Le pouvoir temporel est mort pour toujours. »

« Pie IX est le dernier Pape-Roi. »

O Pontife, c'est le moment, prends en main le glaive de ta puissance, lance les flèches de tes anathèmes au cœur des ennemis du Roi du ciel.

« *Accingere gladio tuo potentissime.* »

« *Sagittœ tuœ acutœ, in corda inimicorum Regis.* »

Et toi, Eglise de mon Dieu, prépare tes vêtements de fête, tu le sais, l'heure de la lutte est pour toi l'heure de la victoire. « Tes souffrances sont tes conquêtes, et tu ne reçois pas plutôt une blessure que tu ne la couvres, par une couronne. Aussitôt que tu verses ton sang, tu acquiers de nouveaux lauriers.

« L'Italie est faite et complète, nous saurons la conserver telle. »

O ra finalmente abbiano Roma e la manterremo.

Rome enfin est à nous et nous le garderons.

L'Unita cattolica qui nous rapporte ce fameux oracle, ajoute : « C'est bien, mais il y a un mot qui rime avec nous la *garderons,* c'est celui-ci : *nous verrons, — con manterremo fa rima vedremo.* » Gardez vous bien de dire : Rome est perdue pour le Pape. Dans le dictionnaire du Pape, le mot *perdue* ne se trouve pas, *non se trova perdere.*

Pour apprécier l'infaillibilité de ces politiques Italiens de 1871, vous n'avez qu'à rappeler l'infaillibilité des politiques en 1870. Voici leurs oracles :

— *Ollivier.* « Nous commençons cette guerre *avec le cœur léger.* »

Rouher « Les Italiens n'entreront *jamais* à Rome. »

Lebœuf. « Nous sommes prêts, il ne manque pas même un seul bouton de guêtre. »

Von Holstein (major de l'armée prussienne). « Le 15 septembre 1870, nous défilerons sous les fenêtres de M. de Girardin ; je parie 20,000 francs. »

Le roi Guillaume. « Je fais la guerre à Napoléon, non au peuple français. »

Trochu. « Le gouverneur de Paris ne capitulera pas. »

Ducrot. « Je ne rentrerai à Paris que mort ou victorieux. »

Jules Favre. « Nous ne céderons ni une pierre de nos forteresses, ni un pouce de notre territoire. »

Jules Simon. « Plutôt Moscou que Sedan ! »

Maintenant osez redire encore : *Nous sommes à Rome et nous y resterons : Irridebo eos et subsannabo eos !!*

et ce qui semble la mort est pour toi le triomphe et la résurrection (1). »

« Maintenant ils voient l'Eglise humiliée, dépouillée, persécutée, et ils disent : elle va mourir et bientôt son nom sera effacé de la terre, il n'y a plus de chrétiens, ils ont fait leur temps. — Or, pendant que ces hommes disent toutes ces choses, je les vois mourir chaque jour et l'Eglise demeure toujours debout annonçant la puissance de Dieu à toutes les générations qui se succèdent (2) ! »

Il y a quinze siècles déjà que ces choses sont écrites et l'Eglise est toujours debout. Il n'en est pas ainsi des persécuteurs : dès qu'ils ont touché la *pierre* ils ont été absorbés par elle.

Juncti petræ absorpti sunt ! s'écrie saint Augustin.

« Dieu l'a décidé, l'iniquité de tes ennemis, ô Eglise de mon Dieu, ne durera pas longtemps ; leurs hypocrisies, leurs mensonges, leurs abominations et leurs succès touchent à leur terme : déjà la cognée est à la racine de la tige empoisonnée et maudite. Quel est le bûcheron qui l'abattra? Quand viendrat-il porter le dernier coup? Nous ne tarderons pas à le savoir (3) ! »

*
* *

O Eglise de mon Dieu, prépare tes vêtements de fête et tes cantiques de triomphe, regarde, l'aurore du grand jour se lève.

Marche! marche de victoire en victoire et règne !

« *Intende, prospere, procede et regna!* »

Trois titres par excellence assurent à ton Pontife ce triomphe merveilleux, ce sont les mêmes que

---

(1) Tertullien.
(2) Saint Augustin.
(3) Mgr l'évêque de Nimes.

ceux que le Prophète donne au Christ, dont il est le vicaire.

La *vérité, la mansuétude, la justice.*

Propter veritatem, mansuetudinem et justitiam.

La VÉRITÉ, il en est l'oracle INFAILLIBLE ; Dieu lui-même l'a proclamé par le saint Concile du Vatican.

La MANSUÉTUDE, contemplez Pie IX, trouvant dans sa pauvreté le moyen de venir au secours de tout ce qui souffre sur la terre et en particulier de la France sa nation chérie, et de Rome sa cité bien-aimée.

Voici d'abord ce qu'il a fait pour notre chère patrie : je laisse parler l'éloquent évêque de Nimes.

« Dès les premiers siècles, à l'époque même où la barbarie des Césars obligeait l'Eglise à se cacher dans les catacombes, les Pontifes romains expédiaient des offrandes généreuses soit aux chrétiens éprouvés de l'Orient, soit aux confesseurs voués, sur ces bords lointains, aux durs travaux des carrières. Pie IX s'est inspiré plusieurs fois, et naguère encore, de ces magnifiques exemples. Il y a peu de jours nos pèlerins voguant vers Rome, se sont croisés sur la Méditerranée avec une frégate pontificale se dirigeant vers les côtes de France.

« Et que portait cet humble navire ? Trente mille francs avec des vases et des ornements sacrés envoyés par le saint Père aux Eglises dévastées dans Paris par la scélératesse de la Commune. La Révolution l'a dépouillé chez lui, et le voilà qui vient soulager les victimes qu'elle a faites chez nous. »

Contemplez maintenant un spectacle plus émouvant encore, c'est Pie IX sur son calvaire du Vatican pardonnant à ses bourreaux et partageant comme le Christ avec ses enfants fidèles ce qui lui reste à peine pour sa propre subsistance. Voici ce que nous lisons dans la correspondance de Rome :

« Le même jour et à la même heure que Victor-Emmanuel recevait au Quirinal les félicitations de la Révolution, Pie IX recevait au Vatican l'hommage de plus de deux mille employés civils et militaires qui lui sont restés fidèles. A la vue du Saint-Père, de frénétiques applaudissements se sont fait entendre. Au nom de tous, le chef de l'administration des finances, l'avocat Tongiorgi, a exprimé dans une magnifique Adresse les sentiments de dévouement et d'espérance dont ils étaient animés. Pie IX, profondément ému, avait des larmes dans les yeux. Il a répondu dans les termes suivants :

« Quand Jésus-Christ se détermina à aller prêcher sa doctrine à Jérusalem, où ne manquaient pas les communistes, les internationaux et beaucoup du juste-milieu qui sont pires que tous les autres, les apôtres, qui craignaient pour lui à cause de l'agitation suscitée dans le peuple, se dirent dans leur amour pour leur divin Maître : *Eamus et moriamur pro eo.* Aujourd'hui, vous représentez parfaitement pour moi l'image de ces apôtres, parce que vous suivez les voies de la conscience et de l'honneur pour rester avec moi. Vous gardez précieusement la conscience en demeurant fidèles à Dieu et l'honneur en restant fidèles à votre prince. A cette même heure, un grand personnage se voit entouré dans un autre palais d'une foule nombreuse, sans doute, mais je doute que ce personnage soit aussi heureux que vous, car il a manqué depuis longtemps aux principes de l'honneur, et j'ai lu hier, dans un journal que, pour venir à Rome, il avait même sacrifié sa conscience. Je le plains, et malgré toutes les amertumes dont il a abreuvé le successeur de saint Pierre, je prie pour lui afin que le Seigneur lui rende, quand il lui plaira, cette conscience qu'il a perdue, mais principalement sur le lit de la douleur.

« Vous avez raison quand vous dites que, pour maintenir ces sentiments dans leur inaltération et pour rester avec moi, vous n'avez pas à jouir des plaisirs mondains ; mais *melius est ire ad domum luctûs, quàm ad domum lætitiæ.* Il est préférable de se rendre à la maison du deuil avec les justes qu'aux fêtes du monde avec les impies.

« Pour moi, j'accepte de grand cœur vos protestations, votre fidélité, et votre affection ; et, puisque la générosité de mes fils catholiques du monde entier, n'a pas permis, après avoir été dépouillé de tout, que je reste dans l'infime misère, en m'offrant, comme autrefois les premiers fidèles à Saint-Pierre, leur obole, de ces offres j'en ai fait, j'en fais et j'en ferai le partage avec vous tant que cela durera. Pourtant, mes enfants, il faut espérer avec confiance, avec courage, avec certitude que le triomphe de la vérité et de la justice ne tardera pas trop.

« Je bénis Dieu qui ne vous a pas permis de prendre part à ce qui est contraire à la foi et à la charité ; je bénis le Seigneur qui vous a inspiré ces sentiments et qui vous a donné la force de surmonter les obstacles qui vous entouraient de toutes parts et, en récompense de votre fidélité, je lève les mains au ciel pour répandre sur vous la céleste bénédiction. Chacun de vous, ou au moins une grande partie d'entre vous est père ; que cette bénédiction descende aussi sur vos fils et les délivre de cette peste qui envahit notre Etat, et qui cherche à empester non-seulement le corps, mais l'esprit. Plus grand est le débordement des malheurs, plus grande doit être la foi appelée à rendre la liberté à la religion et à la conscience. Je bénis vos familles, vos femmes, vos enfants ; que Dieu étende sa sainte main sur vous et la maintienne sur votre tête jusqu'à ce qu'il vous la donne pour vous conduire avec lui dans le ciel. »

Il n'y a pas d'expressions assez fortes pour rendre l'enthousiasme avec lequel ces paroles ont été accueillies.

*
* *

La Justice. — Entendez sa parole foudroyante et voyez briller les éclairs de ses divins anathèmes.

Doux et patient comme un agneau, il est fort et terrible comme un lion : *Justus quasi leo confidens absque terrore erit.* Il est entouré de sicaires, mais ce n'est pas lui qui tremble c'est lui qui les fait trembler, écoutez la grande parole :

« Le but des grands stratégistes de la révolution n'était
« pas seulement d'usurper la ville de Rome, prétendue néces-
« saire à l'unité de l'Italie ; il est surtout celui de détruire le
« centre du catholicisme et le catholicisme lui-même.

« A la destruction de cette œuvre indestructible de Dieu
« concourent tous les impies, tous les libres-penseurs, tous
« les sectaires du monde, qui ont tous envoyé leur contin-
« gent dans cette métropole.

« Ces contingents se lient en un seul corps, et leur but est
« d'insulter, de briser les images de Marie-Immaculée et des
« Saints, de vilipender et frapper les ministres du sanctuaire,
« de profaner les églises et les jours de fête, de multiplier les
« maisons de prostitution, d'assourdir les oreilles de paroles
« sacriléges, et de porter dans les cœurs et les esprits, spé-
« cialement des jeunes gens, le poison de l'impiété par la
« lecture de certains journaux sans pudeur, hypocrites, men-
« songers et irréligieux.

« Cette phalange infernale s'est donné pour but d'arra-
« cher de Rome ce qu'elle appelle le fanatisme religieux,
« comme l'appelait aussi un philosophe italien de malheu-
« reuse mémoire, mort subitement il y a peu d'années. Après
« s'être emparée de Rome, elle veut la rendre incrédule, ou

« plutôt maîtresse d'une religion dite de tolérance, comme la
« veulent ceux qui n'ont d'autre perspective que la vie pré-
« sente, et ceux qui se forment de Dieu l'idée d'un Dieu qui
« laisse courir les choses et qui ne s'occupe pas de nos affaires.

« Et le gouvernement qui tolère tous ces désordres appar-
« tient-il aussi à cette phalange ? hélas !

« L'affirmative serait une triste déclaration de chute de
« trône !

« Cependant, pour opposer quelque barrière à la plénitude
« de tant de maux, vous ferez savoir, aux curés des pa-
« roisses qu'ils doivent avertir leurs paroissiens, que la lecture
« des journaux impies qui s'impriment à Rome est interdite,
« et que cette interdiction doit être faite de façon à ce que
« l'on sache bien que ceux qui passeront outre, commettent
« non pas une faute vénielle, mais une faute grave.

« Pour tout le reste sus-indiqué, en ce qui regarde la
« violation des lois de Dieu et de l'Église, il faut dire à cha-
« que curé : *Argue, obsecra, increpa.*

« Du reste, élevons les mains à Dieu et espérons que tant
« d'attentats contre lui, contre sa religion et contre la société
« elle-même, auront un terme, et que nous pourrons sortir
« un jour de ce labyrinthe de maux pour respirer tranquille-
« ment à l'ombre de la foi, de la morale et de l'ordre. »

Le 24 juillet, quelques jours après avoir foudroyé les journaux impies qui maintenant pullulent dans Rome, Pie IX
recevait les représentants de la *Société pour les intérêts catholiques*, qui portaient une adresse signée par plus de vingt-sept
mille Romains, tous majeurs. Après les avoir félicités de leur
constante fidélité au milieu de tous les malheurs qui accablent
cette ville de Rome, arrosée du sang de tant de martyrs et
illustrée par tant de vertus, il s'est écrié :

« Ils disent que je suis fatigué. Oui, je le suis de voir tant
d'iniquités, d'injustices, de désordres : je le suis de voir chaque jour la religion outragée dans une ville qui donnait au
monde l'exemple du respect pour la foi et la morale. Je le
suis de voir opprimer des innocents, insulter les ministres
du sanctuaire, profaner les plus chers objets de notre vénéra-
tion et de notre amour.

« Oui, je suis fatigué ; mais je ne suis pas encore disposé à
rendre les armes..... »

A ces mots, une explosion d'applaudissements éclate dans
toute la salle.

« Je ne suis pas disposé à pactiser avec l'injustice, à cesser de remplir mes devoirs. Non, grâces à Dieu, pour cela je ne suis pas fatigué, et j'espère que je ne le serai jamais.

« Maintenant, recevez de nouveau ma plus cordiale bénédiction. Je l'appelle sur vous, sur vos familles, sur vos biens ; qu'elle vous accompagne dans la vie et vous ouvre les portes de l'éternité bienheureuse. »

On lit dans une correspondance de Rome :

« On continue de s'entretenir de l'éventualité d'un départ du Pape. Chacun voit venir des jours de tourmente. Et il y a bien réellement deux opinions : l'une pour le départ, l'autre pour le séjour. Je crois que Pie IX tient pour la seconde opinion. On me rapporte que, parlant à un cardinal, il aurait dit à peu près ceci : « Le moment n'est pas éloigné où je mourrai. Mourir à Rome ou mourir ailleurs est une même chose. On peut me tuer ici, dira-t-on, c'est vrai, encore que je ne fasse de mal à personne. Mais si l'on me tuait, on couronnerait mes cheveux blancs d'une couronne beaucoup plus belle que celle que l'on m'a enlevée, et vous pourriez toujours faire un autre Pape sur mon cadavre. »

*
* *

Il n'y a que quelques jours l'*Unita cattolica* sous ce titre : *La victime et le persécuteur*, écrivait une belle page ; nos lecteurs nous sauront gré de la reproduire.

« La victime, s'écrie-t-elle, c'est Pie IX, le persécuteur c'est Lanza, l'instigateur de Victor-Emmanuel ! Eh bien, pour le présent comme pour l'avenir ; le sort de Pie IX, victime, est bien préférable à celui de Lanza, persécuteur.

« Pour le présent, Pie IX a la conscience dans une paix parfaite, et personne au monde ne peut élever contre lui le moindre reproche de lâcheté, d'ingratitude, de faiblesse ou de contradiction.

« Lanza, au contraire, dévoré de remords, cherche en vain à s'étourdir en courant de tous côtés ; non, non, il n'y réussira pas ; s'il se distrait le jour, la nuit mille songes lugubres viennent l'épouvanter ; cette parole dite à la tribune, cette lettre écrite, cette promesse violée viennent le tourmenter et font de son cœur comme une mer agitée.

« Pie IX la victime, n'a jamais commis la moindre injustice. La chambre où il habite et le lit où il repose ne lui rappellent aucune faute. Mais pour Lanza le persécuteur, la *pierre de la muraille,* comme dit le prophète en parlant de Nabuchodonosor, crie contre lui.

« O persécuteur, lisez, lisez le chapitre second du prophète Habacuc : « Tu as trouvé moyen de déshonorer ton peuple et de le rendre malheureux; aussi chaque pierre de la muraille et chaque poutre de l'édifice crie : « Malheur ! malheur à celui qui « bâtit la cité sur le sang et qui choisit pour fon- « dement l'iniquité. » *Cogitasti confusionem domus tuæ. Concidisti multos populos. Lapis de pariete clamat: Væ qui ædificat civitatem in sanguinibus et præparat urbem in iniquitate!* »

« Les pierres de Rome elles aussi crient : « Mal- « heur! trois fois malheur à celui qui, préparant un « breuvage pour son ami et à plus forte raison pour « son père, le remplit de fiel et le force à le boire « jusqu'à l'enivrer de douleur afin de mieux le « dépouiller et de jouir de sa misère. »

» *Væ qui potum dat amico suo, mittens fel suum et* « *inebrians ut aspiciat nuditatem ejus.* »

Son impiété attirera sur lui la plus terrible vengeance ; au lieu de la gloire, il aura l'ignominie, car il lui sera dit :

« Ton tour est arrivé de boire maintenant ce calice que tu avais préparé pour ton père, tu le boiras et tu t'endormiras d'un éternel sommeil; oui, toute l'éternité tu auras devant toi ce calice de la colère et de la fureur que te présentera la main vengeresse de Dieu et qu'il te fera boire jusqu'à la lie, et tu verras comme un vomissement d'opprobre salir ta gloire. » *Et vomitus ignominiæ super gloriam tuam.*

« Cette pensée de l'avenir qui tourmente Lanza, le

persécuteur, repose au contraire et conforte l'àme de Pie IX, la victime !

« Oui, Pie IX est en paix, tandis que le malheureux Lanza croit entendre à chaque instant une voix formidable lui répétant : Bois, bois, toi aussi ce calice que tu avais préparé pour les lèvres de l'innocent et du juste. « *Bibe tu quoque.* » Bois les trahisons, la déloyauté, le mensonge, l'hypocrisie, et ces bombes que tu as lancées contre la porte Pie, et ces crochets, ces fausses-clefs dont tu t'es servi et ces *moyens moraux* que tu as employés. *Bibe.* Bois les fruits amers de la Révolution, bois les trames des Francs-Maçons, bois les ruses de la diplomatie, bois les intimidations de la force et les dominations de la violence. *Bibe tu quoque.*

« Lanza, le persécuteur, ne peut oublier certainement que tous ceux qui avant lui avaient préparé pour le Pape le calice de la persécution ont été obligés de le boire à leur tour. Si le pauvre Lanza l'oubliait, la municipalité romaine le lui rappellerait en conservant, dans les beaux jardins du Pincio, les statues des révolutionnaires : Arnaud de Brescia, Cola de Rienzo, Stefano Porcari et autres ; oui, tous parleront à la fois pour lui dire : Arrivera bientôt pour toi l'heure de boire ton calice, elle peut tarder de quelques jours, mais elle arrivera ! Le calice du Seigneur se renversera sur toi et tu seras inondé, et comme environné du fiel de sa vengeance comme nous l'avons été nous-mêmes.

« *Circumdabit te calix dextræ Domini.* »

« Et si cette grande leçon te paraît venir d'un temps trop reculé, Lanza, regarde Napoléon III. Lui aussi donnait à boire à son Père, et il le faisait tout en fléchissant le genou devant lui, comme le plus dévot de ses fils et le protecteur-né de son pouvoir temporel, le malheureux ! Il remplissait de fiel le

calice ! Mais qu'est-il arrivé ! Quelques jours s'étaient
à peine écoulés, et il a fallu que Bonaparte but à
son tour le calice qu'il avait préparé pour le Pape,
et voilà qu'un vomissement d'opprobre est venu salir
toute sa gloire. « *Et vomitus ignominiæ super gloriam
suam.* »

*⁎
⁎ ⁎*

L'année de la grande tribulation n'est pas encore
finie, et déjà celui qui a la gloire d'être victime a vu
se lever deux grands jours qui sont le prélude du
triomphe par excellence que Dieu prépare à son Eglise :
le vingt-cinquième anniversaire de son pontificat et
le premier anniversaire de la proclamation de son
infaillibilité.

Deux grandes voix se sont élevées pour célébrer
cette double gloire de Pie IX, celle du célèbre confé-
rencier de Notre-Dame et celle de l'illustre publiciste
de Turin. Le P. Félix, dans la cathédrale de Toulouse et l'abbé Margotti, dans *l'Unita cattolica* ont
dit, l'un et l'autre de Pie IX ce que le peuple de
Dieu disait de Judith : « *O Pontife bien-aimé vous
êtes la gloire de l'Eglise, la joie des enfants de Dieu et le
bonheur de votre peuple. — Tu gloria Jérusalem, tu
lætitia Israël, tu honorificentia populi nostri.* »

Armé du glaive de la parole et du bouclier de la
sainteté, s'écrie le P. Félix, Pie IX, s'est avancé
seul en face du monstre qui désole à la fois le *monde
intellectuel, le monde moral, le monde politique, le monde
social, et le monde religieux ;* il a frappé les unes après
les autres toutes les têtes de l'hydre, et tous ces
mondes doivent à lui seul après Dieu le salut et la
vie !

Il a sauvé le *monde intellectuel* en frappant à mort
le *rationalisme* autant ennemi de la raison que de la
foi : il a signalé dans son immortel *Syllabus* qui est

le *fiat lux* du monde moderne toutes les erreurs ensemble dont le *rationalisme* est le père, et il les a pulvérisées.

Il a sauvé le *monde moral* en frappant à mort le *sensualisme* qui est sa plaie hideuse : il a mis cette plaie en face de sa *sainteté* personnelle, qui entoure déjà sa tête d'une auréole que lui seul ne voit pas, en face de tous les saints qu'il a canonisés, en face surtout de l'*Immaculée Conception* de la Reine des saintes qu'il a proclamée, et les fleurs de toutes les vertus, et les lys embaumés de la sainte pureté ont germé de nouveau sur la terre.

Il a sauvé le *monde politique* en frappant à mort la *révolution*, puissance infernale qui cache toujours sous les pompeuses paroles : *Liberté, Egalité, Fraternité* qu'elle a volées à l'Evangile, la torche incendiaire, le poignard fratricide et distille le poison de la mort à la faveur des sataniques principes de 89, qu'elle appelle *Immortels*. Pie IX a démasqué sa ruse, il a dit : *non licet*, et le monstre se débat à ses pieds, écumant de rage, mais frappé au cœur !

Il a sauvé le *monde social*, en frappant à mort le *socialisme*, fils légitime de la *révolution*. ¡Un seul mot de Pie IX a suffi pour écraser l'enfant, comme il avait écrasé la mère. Contre, les confédérations, les invasions, les spoliations, Pie IX s'est levé en s'écriant : *Non possumus*, et le flot a reculé épouvanté !

Il a enfin sauvé le *monde religieux*, lui aussi tourmenté dans ses plus intimes profondeurs par *le gallicanisme*, levain de destruction, de ruine et de révolte latente contre l'autorité divine et infaillible. *Le gallicanisme*, véritable lèpre morale, voulait arriver des membres au cœur pour y arrêter la vie. Pie IX lui a opposé le Concile, et le Concile à son tour lui a opposé son immortelle proclamation de l'infaillibilité pontificale et le *gallicanisme* a été écrasé,

et il ne peut plus salir désormais de la poussière de
ses ruines que la surface des âmes attardées ou
infirmes !

C'est vrai, pour remporter toutes ces victoires,
Pie IX a dû combattre et souffrir, subir l'exil de
Gaëte, les insultes, les calomnies, les cruelles amertumes, mais au milieu de ces épreuves, le cœur si
grand de Pie IX n'a fait que grandir encore ; ainsi
le chêne, battu par la tempête , étend de plus en
plus ses branches séculaires et abrite les générations
fatiguées de la route. Le bûcheron lui-même qui
venait pour renverser le Roi de la forêt s'avoue
vaincu par la force indomptable des racines, la
hache lui tombe des mains et il s'endort sous l'om-
brage hospitalier, ainsi Pie IX abritera à l'ombre de
son cœur paternel ses ennemis vaincus !

*
* *

Après le P. Félix, voici le cri de triomphe de Margotti :

« Aujourd'hui, 18 juillet, est pour l'Eglise un bien
cher et bien doux anniversaire, celui de la définition
dogmatique de l'infaillibilité pontificale. « Cette su-
« prême autorité du Pape, comme disait Pie IX lui-
« même, il y a un an, et aujourd'hui nous en avons
« fait l'expérience, n'opprime pas, mais au contraire
« soutient les âmes, elle ne détruit pas, mais elle
« édifie et en particulier confirme la dignité, favorise
« l'unité et protége les droits de l'épiscopat. » Par
cette définition Dieu a accordé un immense bienfait à
son Eglise, et ceux qui croient que les tribulations
actuelles de la papauté en ont été la conséquence sont
dans l'erreur la plus complète. L'état actuel du Pape
a été la conséquence de la défaite de la France, et
sans la définition de l'infaillibilité cette conséquence
aurait été la même, la seule différence aurait été

que nous aurions eu de moins un guide reconnu infaillible pour nous conduire dans ces temps si dif-
ficiles. Dieu, dans son infinie et miséricordieuse Providence, avant de laisser se lever la tempête a placé
dans le ciel de l'Eglise l'étoile qui la dirige au port
du salut. Rendons grâce au Seigneur pour un si
grand bienfait, et prosternés à deux genoux aux
pieds de saint Pierre son grand apôtre, répétons
avec lui le grand acte de foi : O vicaire du Christ,
vous êtes vraiment infaillible comme le Christ lui-
même !

Tous les anniversaires politiques passeront, mais
le dogme de l'Infaillibilité, en dépit de toutes les hé-
résies et de toutes les Révolutions demeurera éter-
nellement comme l'éternelle vérité de laquelle il dé-
coule.

« *Veritas domini manet in æternum.* »

Le même publiciste, devançant le jour glorieux
entre tous les jours où Pie IX doit non-seulement
voir les années de Pierre, mais les mois et les
jours du pontificat du prince des apôtres, a invité
l'Italie tout entière à s'unir au Pontife aux pieds
des autels, où Pie IX, ce jour-là, offrira le saint
sacrifice d'une manière toute particulière pour le
salut de la patrie.

« Ce sera peut-être, s'écrie l'illustre publiciste, le
dernier témoignage de foi et d'amour que Dieu
attend de nous pour nous consoler par le triomphe
tant attendu. »

Non ! non ! ce n'est pas à l'intervention étrangère
que nous faisons appel pour le salut de notre pauvre
patrie, mais c'est à l'intervention divine. Le 23 août,
le Saint-Père l'a demandée d'une manière toute
particulière et avec une merveilleuse ferveur, en
offrant dans cette intention le sacrifice de l'Agneau
de Dieu qui efface les péchés du monde.

2

Un sublime spectacle a été offert au monde en ce,
grand jour : une nation entière s'est donné rendez-
vous pour prier avec le Vicaire de Jésus-Christ. Et
Pie IX a dit : « O Seigneur, faites-moi justice et prenez en main ma cause, délivrez-moi d'un peuple
pervers, et mettez-moi à l'abri des iniquités et de
la fourberie des méchants. »

Et l'Italie, unissant sa voix à celle du prince,
a répondu : « O Seigneur, soyez ma force ; pourquoi
m'avez-vous rejetée ? Pourquoi me laissez-vous si
longtemps dans la tristesse et sous l'oppression de
mon ennemi ? »

— Et le Saint-Père, continuant de prier : « Faites
enfin luire, ô mon Dieu, un rayon de votre lumière,
faites briller enfin la vérité ! »

Et l'Italie : « Je m'approcherai enfin de l'autel du
Saint-Père, du Dieu qui réjouit ma jeunesse. »

Et Pie IX : « O mon amie, pourquoi es-tu dans la
tristesse et pourquoi me troubles-tu ?

Et l'Italie ! — « Espère dans le Seigneur, car bientôt nous aurons un nouveau cantique de reconnais-
sance à chanter en son honneur, parce qu'il sera
notre salut ! »

Déjà nous avons vu l'Angleterre, la Prusse, la
France obtenant de leur gouvernement, dans les moments de détresse, des prières et des pénitences pu-
bliques. L'Italie, cette terre classique du catholicisme
a voulu faire quelque chose de plus : poussée par un
élan spontané d'affection filiale et d'inébranlable foi,
elle a demandé que le saint sacrifice de la messe fût
offert pour elle le 23 août, et elle a obtenu que le
Saint-Père lui-même l'offrît en ce jour pour l'expia-
tion des crimes qui ont été commis par ses propres
enfants et pour obtenir pour eux le pardon et la vie.
Le monde a vu en ce jour un peuple tout entier

priant et faisant monter aux pieds du Très-Haut la
plus solennelle et la plus efficace des prières !

La France doit l'origine de tous ses malheurs à
un blasphème prononcé en pleine Assemblée consti-
tuante. Ce blasphème, le voici : « La France ne se
confesse plus. » Eh bien, tous ces malheurs finiront,
et un rayon de douce espérance viendra dorer son
lugubre horizon le jour où la France priera et se
confessera.

L'*Italie entend la messe!* voilà le cri que nous
sommes fiers de pousser. Et non-seulement l'*Italie
entend la messe*, mais l'Italie aime d'avoir un Roi pour
la célébrer, un Roi qui la bénisse, et elle prie avec
ce Roi, et elle vient à son secours et elle exalte son
nom avec bonheur ! Et elle recueillera au moment
voulu par le Seigneur les fruits de la messe du Pape !
Non ! non ! ce ne sera pas la diplomatie, ni les armes
qui te sauveront, ô chère Italie, c'est la messe de
Pie IX.

Le jour de l'invasion de Rome, le 2 juillet, nos
envahisseurs ayant Lanza à leur tête furent privés
de la messe, et comme on leur reprochait de ne
l'avoir pas entendue le dimanche de leur entrée dans
la ville sainte, la *Nation* répondit : « *Rome vaut bien
une messe perdue.* » — Nous verrons ce que vaudra
une messe dévotement entendue. Ah ! préparons-
nous bien à recueillir la grâce extraordinaire que
Dieu se prépare à nous accorder. Un amour immense
pour le Saint-Père est la préparation la seule digne
pour cet auguste sacrifice où l'amour infini d'un Dieu
s'immole de nouveau pour nous.

★
★ ★

Nous aussi, enfants de la noble France, unissons
nos prières et nos cœurs à ceux de nos frères d'Italie,
nous aussi en ce beau jour, élevons nos voix sup-

pliantes jusqu'au front de Dieu pour attirer sur notre bien-aimé Père et sur l'Eglise entière, dont il est la gloire, toutes les bénédictions célestes.

O glorieux et infaillible Pontife vous voyez les années de Pierre, vous portez comme lui les chaînes de la captivité, et comme lui vous êtes comme suspendu à la croix du martyre! Le ciel et la terre vous contemplent.

Du fond de l'abîme vous avez crié vers le Seigneur! Votre voix est montée jusqu'à son trône elle disait: O mon Dieu, vous êtes mon refuge et mon unique espérance!

« *Susceptor meus es tu et refugium meum !* »

Et le Seigneur du haut du ciel a dit à la terre : Regardez ce Pontife, il m'a appellé et je suis venu, il a espéré en moi et je le délivrerai.

« *Clamabit ad me et ego exaudiam eum* » — « *In me speravit, liberabo eum.* »

Je suis avec lui dans la tribulation; j'étais avec lui à Gaëte et je l'ai délivré de l'exil, et je l'ai glorifié en le proclamant infaillible.

« *Eripiam eum et glorificabo eum.* »

Ce n'est pas assez. Cette proclamation que je n'ai accordée à aucun Pape, depuis Pierre, ne suffit pas, je lui accorderai encore une autre faveur que je n'ai accordée à aucun Pape depuis Pierre.

Il verra les années de Pierre, et toute la terre applaudira.

« *Longitudine dierum replebo eum.* »

Et à ces deux faveurs j'ajouterai la consolation suprême; il verra le salut de mon peuple et le *triomphe de l'Eglise.*

« *Et ostendam illi salutare meum.* »

Fiat ! Fiat !

APPENDICE

CRI D'ALARME!

Mon cher ami,

La gravité terrible de la situation politique de la France nous fait perdre la sérénité et la liberté d'esprit indispensables aux études scientifiques et spéculatives. Une force invincible nous détourne des livres qui ont perdu leur charme : nous suivons avec angoisse et le cœur brisé les péripéties du drame rapide dont nous pressentons le dénouement prochain et sanglant.

Je vous ai parlé, je crois, de mes craintes en voyant entrer dans l'Assemblée législative Gambetta et ses généraux. L'armée divisée en présence d'un pays divisé, voilà ce que signifiait, à mes yeux, ce triomphe de notre ancien dictateur. Les faits justifient mes appréhensions qui réveillent un écho dans la presse. Un journal sérieux et dévoué, cependant, à la cause républicaine, écrit aujourd'hui ces graves paroles : « L'armée tend de plus en plus à se partager en deux partis : l'un ayant à sa tête les anciens généraux de l'armée du Rhin ; l'autre soutenu, au contraire, par Gambetta et par les généraux Faidherbe et Chanzy (1). » Ce que l'on dit tout bas, ce que l'on sait, c'est que le partage est fait. Cette grande force militaire, l'unique et la dernière espérance humaine des amis de la justice en ces temps troublés, disparaît elle aussi.

Dieu, dont les secrets desseins déjouent les calculs de notre sagesse, brise l'un après l'autre les fragiles appuis de notre faiblesse, et nous arrache nos espérances.

Le chef du Pouvoir exécutif n'a plus l'attitude assurée et confiante des premiers jours. Il craint de tomber sous les coups d'un assassin. Ses amis savent qu'il voudrait se retirer à Rambouillet sous la protection d'un camp et laisser l'Assemblée s'établir à Paris. Est-ce le vertige qui précède les chutes et la catastrophe finale? Il pactise avec cette Révolution qu'il voulait museler après l'avoir fouettée, blessée, condamnée à

---

(1) *Français*, 20 juillet.

l'impuissance. Le héros qui contemplait avec orgueil ses légions parties de Versailles et marchant vers Paris, au pas de la victoire, se trouble et tremble. Les communeux reviennent de Belle-Isle après un court interrogatoire et un voyage aux frais de l'Etat. Ils rentrent à Paris et voteront aux élections. L'on ne retient sous les verroux que les grands coupables. L'Internationale a repris ses séances, malgré l'état de siége, et Versailles laisse faire, malgré les sages avertissements du général Valentin. Les chefs de la Commune : Rochefort, Assi vivent encore ; Blanqui n'est pas mort ; Pyat est en lieu sûr. Que l'Internationale délibère sans inquiétude. Son état-major est presque intact, et nous savons qu'elle attend une prochaine revanche.

Deux ans avant la révolution de 1830, un homme célèbre disait au duc d'Orléans : « Courage, prince, il reste dans notre « monarchie un beau poste à prendre, le poste que Lafayette « occuperait dans une république, celui de premier citoyen de « France. » Ce rôle a tenté la haute intelligence de M. Thiers. L'homme qui souriait de joie en voyant les flammes révolutionnaires renverser et dévorer le palais de l'illustre Mgr de Quélen est arrivé au pouvoir. Je reconnais hautement ses grandes qualités civiques, et je le félicite d'avoir servi la France mutilée, écrasée par la dictature incapable d'un Bonaparte et de Gambetta ; mais la vérité a des droits plus impérieux qu'il faut défendre au péril de sa fortune, et j'estime que Dieu ne veut pas sauver la France par la parole habile et la politique indéfinissable d'un homme qui a la Révolution pour berceau, d'un homme qui, au mépris des protestations de la France honnête, choisit et conserve pour auxiliaires les hommes de la Révolution.

J'entends bien les embarras terribles de la situation de M. Thiers quand Assi disait à M. Picard devenu son juge : « Il y a six mois, vous auriez demandé l'honneur d'être mon avocat. » Il disait vrai. Rochefort ferait subir cette réponse, avec autant de vérité, à MM. Favre et Simon. L'autorité d'un gouvernement peut reposer sur deux forces : le droit et l'armée. Nos maîtres ont violé le droit ; l'armée est affaiblie et divisée : le droit et l'armée disparaissent, qu'attendre alors que de nouvelles tempêtes avant la dissolution suprême ?

Deux grands partis s'agitent en France. L'un défend l'ordre et les fondements de la société : Dieu, la famille et la propriété. L'autre représente l'anarchie. Sa devise est la négation de Dieu, l'athéisme ; de la famille, le divorce ; de la propriété, le socialisme. C'est l'honneur de l'Eglise catholique d'être la gardienne des grandes vertus qui sont les bases de

l'ordre naturel. C'est le caractère de la Révolution de détruire
et l'ordre surnaturel et l'ordre naturel, l'Eglise et la société.
La Révolution sait bien que l'ordre social est placé sous la sau-
vegarde de l'Eglise. Sa haine sauvage s'attaque à l'Eglise et
à Dieu pour être assurée de son triomphe dans l'ordre naturel.

Autour de Paris, sur une ligne étendue et profonde, s'élèvent
les habitations d'un peuple qui naît, vit et meurt sans l'Eglise
et sans Dieu. Nul ne sait ce qui grouille là de misère, de
haine, de convoitises brutales, d'appétits féroces. Celui qui a
vu les faces à peine humaines de ces barbares ne l'oublie jamais. C'est une vision d'enfer qui trouble, effraie et fait pleu-
rer. C'est là que la Révolution recrute ses soldats. Derrière eux
se lève et marche l'armée formée par le rebut des provinces.
Et ces barbares renversent les trônes dans la boue, les autels
dans le sang. Il sont le péril et l'opprobre de notre pays.

Vous savez, mon cher ami, avec quelle défiance j'accepte les
révélations qu'une crédulité excessive met en circulation. Les
prédictions abondent et nuisent à l'autorité des prophéties
inspirées de Dieu et consacrées par l'autorité souveraine de
l'Eglise. Cependant, un fait me frappe et m'étonne : c'est que
Dieu nous prépare, par des avertissements extraordinaires, à
des événements dont nous avons le pressentiment. Peut-être
y a-t-il un élément divin dans l'accord et l'harmonie des prédictions qui circulent et des craintes qui fatiguent notre âme.

Un digne curé de l'est de la France, chargé depuis vingt
ans de la direction d'une âme d'une sainteté incomparable,
nous a communiqué, voilà trois jours, des détails curieux qui
sont devenus le thème de nos conversations. La chrétienne
qu'il dirige, favorisée depuis dix ans de communications divines, voit l'avenir s'étendre et s'éclairer devant elle en ta-
bleaux saisissants.

L'Eglise n'est pas engagée dans ces faits extraordinaires.
J'examine ce fait psychologique, en philosophe, au point de
vue humain, et, tout en reconnaissant à Dieu le pouvoir de
faire connaître l'avenir à des âmes prédestinées, je vous com-
munique, sans responsabilité de ma part, ce passage de la
lettre du digne et intelligent pasteur :

« Mme X... me dit que la guerre et l'incendie éclateront,
« surtout au mois d'août (cette année). Elle a vu un trône
« renversé, souillé, voilé, qu'on découvrait et qu'on relevait.
« Puis, une toile tramée dans l'ombre et jetée sur toute la
« France ; des fagots préparés, puis allumés. Sous cette toile,
« qui couvrait la France, des armes, des hommes qui se bat-
« tent, tout ce qu'il y a de plus affreux. Au-dessus, la croix

« qui sera plantée à la fin de ces scènes lugubres. Elle vit, le
« 17 juillet 1870, une forêt traversée par une grande route
« claire, lumineuse, s'étonnant que tous ne la voient pas et
« qu'ils s'égarent dans mille sentiers qui la sillonnent. N.-S.
« Jésus-Christ lui dit qu'il amènera les hommes pour la voir ;
« qu'il voudrait bien faire miséricorde, mais qu'il ne le peut.
« Il faut que la France souffre pour être sauvée. »

Vous le voyez, cher ami, c'est une prédiction à courte
échéance. Guerre civile et incendie, voilà le chapitre du mois
d'août. Plus que jamais, voici l'heure de relire la poésie du
grand poète américain : *Exelsior!* (Plus haut!)

Que l'on est heureux d'avoir la foi, et de voir s'élever sur
les ruines de ce monde la cité entrevue par Platon, cité éternelle où règnent la Justice et la Vérité !

Rouge ou blanc, voilà le dernier mot de la situation. Dites
bien à notre cher ami B... que la république est impossible,
même avec le concours des forces conservatrices, de la noblesse et du clergé. D'ailleurs, la noblesse et le clergé com-
posés de fils de laboureurs et d'artisans, instruits par les
malheurs passés, se séparent de la république.

L'on peut dire aux rares et intelligents républicains, en
parlant de leur système, ce que Mirabeau disait de la ban-
queroute : « La Commune, la hideuse Commune est là, et
vous délibérez ! »

Ou rouge ou blanc, royaliste ou communeux, voilà l'alter-
native aujourd'hui. En théorie, l'on peut aimer autre chose
que la monarchie héréditaire ; en pratique, en présence du
flot envahissant du socialisme et du communisme, trahir la
monarchie, c'est trahir la liberté !

(*Echo de la Province.*)

LA RÉGÉNÉRATION FUTURE

UNE VOIX PROPHÉTIQUE

Nous publions sous ce titre l'extrait suivant d'une brochure
de M. de Cormenin. Cet extrait a été copié en 1842.

Nos lecteurs seront frappés du caractère profond et en
quelque sorte prophétique de ces lignes :

« ... Les Catholiques, avertis par l'expérience de l'inutilité
des efforts humains pour rendre le repos au monde, ne met-
tront plus leurs espérances dans les stériles victoires des
partis ; mais levant enfin les yeux plus haut que la terre, ils

attendront la justice et la miséricorde du seul lieu d'où elles puissent descendre.

« Car c'est parce que nous ne croyons pas que les peuples se sauveront eux-mêmes que nous espérons qu'ils seront sauvés ; c'est parce que nous avons connu la fragilité des restaurations telles que les hommes ont su les faire, que nous en attendons une que, heureusement, les hommes ne feront pas. Quand, comment et par qui s'opérera-t-elle ? Ceci est encore couvert d'un voile mystérieux, et nous n'avons pas, pour le soulever, la main d'un prophète. Mais avec les seules lumières de la raison éclairée par la foi, on peut dire déjà, sans crainte de se tromper, que cette régénération sera toute miraculeuse, et tellement marquée du sceau de la toute-puissance, que les plus incrédules en seront confondus, que les plus aveugles en seront éblouis. Car il s'agit ici, si l'on peut ainsi parler, de l'intérêt *personnel de Dieu*, et l'on ne peut douter que le triomphe complet, universel de son Église, ne soit la fin dernière de tout ce que nous voyons aujourd'hui.

« Si Dieu avait voulu abandonner à jamais la terre aux *disputes des hommes*, comme dit l'Ecriture, s'il ne s'était pas réservé une époque où il y régnerait tout à la fois comme Dieu et comme roi, et où s'accomplirait littéralement et visiblement cette parole : *Toute puissance m'a été donnée dans le ciel et sur la terre*, il n'aurait probablement pas remué le monde jusque dans ses fondements, et tous les pouvoirs humains n'auraient pas été renversés. M. de Maistre l'a dit admirablement : si la Providence *efface*, sans doute c'est pour *écrire*. Ce n'est donc point pour atteindre un but vulgaire, pour opérer un changement comme on en a vu, pour mettre une dynastie à la place d'une dynastie, pour donner à un peuple la terre d'un autre peuple, que tant de prodiges se manifestent et se préparent. Il y a dans ces pronostics inaccoutumés, et qu'on nous permette cette expression, dans la solennité de la préparation, quelque chose qui annonce un dénouement immense !

« Quelques chrétiens, qui considèrent seulement notre état actuel, s'abandonnent peut-être à la tentation de croire que ce dénouement sera celui de toutes choses, et que nous touchons au dernier jugement. Il est bien vrai que tout paraît se précipiter vers ce terme ; mais si tel était le dessein de la Providence, elle n'aurait qu'à nous laisser aller. Un demi-siècle encore de *liberté sans frein*, *possédé par des hommes sans Dieu*, et l'Antechrist trouverait la place prête... Mais si *tout n'est pas encore accompli*, si, pour retremper ses serviteurs dans la foi et les fortifier pour les derniers combats, Dieu accorde encore quelque durée à son ouvrage, nécessairement une régénération lui est aussi réservée. Or, dans la situation présente de la société chrétienne, bouleversée par les nations qui la composent, trahie par les rois qui la gouvernent, et (malheur plus déplorable) pervertie et corrompue par les maîtres qui l'instruisent, qui peut la sauver? qui peut la guérir? ou, pour mieux dire, qui peut la ressusciter, si ce n'est une puissance plus grande que celle de l'homme, plus forte que celle de l'enfer? Et puisque aujourd'hui on ne veut reconnaître nulle part cette puissance, qu'on la nie quand elle se montre douce et patiente dans les moments de repos qu'elle nous laisse, qu'on la brave quand, plus menaçante, elle se manifeste dans les jours d'orage ; puisque nous paraissons attendre pour fléchir devant elle, qu'armée de toutes ses foudres, elle les épuise sur notre orgueil ; eh bien donc, qu'elle tonne, qu'elle frappe. Hélas ! nous l'avons assez mérité...

« Le monde ne doit donc plus s'attendre à des châtiments ordinaires; ceux-là ne le corrigeraient pas. Ses philosophes les lui expliqueraient encore humainement, comme ses savants lui ont expliqué le signe prophétique de *Migné*. Il faut que le monde apprenne que Dieu a plus que des armées à lancer sur les peuples rebelles, plus que des discordes civiles à leur envoyer ; il faut qu'on sache aussi que son souffle, qui féconde les champs, peut aussi bien les dessécher ; que la famine, la peste lui obéissent ; que la terre tremble à sa voix ; que la flamme qu'il allume, l'eau des fleuves ne l'éteint pas, et que les villes infâmes que son feu consume, la main de l'homme ne les relève jamais.

« C'est là, nous le sentons profondément, un lamentable moyen de salut, mais c'est le seul, parce que nul autre ne peut à la fois *purifier et convertir*, et sans ces deux conditions, la régénération serait impossible. Pour qu'elle s'accomplisse, il faut que les hommes, que nulle grâce ne peut émouvoir, que nul châtiment ne peut dompter, disparaissent. Il faut que les hommes qui savent encore écouter la tempête et comprendre la foudre tremblent, se prosternent et adorent... Dire maintenant si les premiers seront en plus ou moins grand nombre que les seconds, c'est ce qui passe la prévision humaine. Tout ce que peut le chrétien, c'est de prier; tout ce qu'il doit, c'est d'espérer que la miséricorde trouvera encore une riche moisson à faire pendant ce règne de la justice, et que beaucoup de cœurs aujourd'hui criminels, beaucoup d'esprits égarés, éclairés par les châtiments divins qu'ils verront tomber autour d'eux, s'humilieront enfin devant le Juge suprême, et réjouiront le ciel par leur repentir.

« Alors la religion viendra s'emparer de tous ces débris et

les rassemblera. Alors ses ministres, debout sur les ruines de l'édifice écroulé, appelleront autour d'eux ceux qui auront survécu à sa chute, et du Nord au Midi, de l'Orient à l'Occident, les hommes accourront à leur voix, leur apportant des douleurs à consoler, des remords à éteindre, des plaies à guérir, mais aussi des actions de grâces à rendre. Au milieu de cette solennelle assemblée des nations apparaîtra l'*Eglise romaine*, seule puissance héritière de tant de puissances déchues.

« A la croix, son inébranlable appui, elle réunira le sceptre tombé des mains des rois, le glaive brisé aux mains des peuples, et elle fera entendre sa voix suprême, *infaillible*, divine.

« A ses enfants prosternés à ses pieds, elle montrera la terre rouge encore du sang des hommes et toute fumante de la colère de Dieu. En présence de ce redoutable souvenir, elle dira aux princes et aux sujets leurs devoirs et leurs droits ; par qui ils règnent, à qui ils obéissent ; ce qui les fait grands, ce qui les conserve heureux ; et puis, bénissant la souveraineté retrempée à sa source et la soumission allégée par la foi, elle gravera sur le noble joug des peuples comme sur le saint diadème des rois l'éternelle devise de l'ordre et de la liberté :

« *Le Christ commande, il règne, il est vainqueur !!!* »

La Question de Vie ou de Mort.

Nous lisons dans une de nos Revues catholiques les pages suivantes que nous recommandons à l'attention de nos lecteurs :

I

« La Révolution, comme une mer dont les flots tumultueux sont déchaînés par la tempête, devient de jour en jour plus menaçante. Tenant d'une main la torche de l'incendie et armée de l'autre d'un poignard sanguinaire, elle veut régner et dominer dans le monde.

« Le programme hideux de sang et de feu que la Commune de Paris nous a révélé pour semer la dévastation, est surtout mis en application en Italie. Sur ce sol, où la religion catholique avait pris de si profondes racines et qui a donné à l'Eglise des légions immenses de saints, nous voyons le plus terrible des spectacles, celui de la Révolution montant à l'assaut contre le Vicaire de Jésus-Christ, afin de lui arracher son sceptre de roi, et après celui-ci attaquer l'autorité spirituelle dont il est investi.

« C'est là la grande question de vie ou de mort sur laquelle il importe d'appeller l'attention des hommes d'Etat. On ne saurait rester indifférent en face de cette lutte suprême, car il s'agit ici de l'ordre social dont l'existence est en péril, en même temps que la paix des âmes et tous les biens qui intéressent les peuples et les nations.

« Il faut, sans illusion, considérer la situation dans toute sa vérité. Selon le plan divin, tout est lié, au sein des sociétés, à l'existence de la religion, et celle-ci ne peut être abaissée, humiliée et vaincue sans entraîner avec elle tout ce qui est nécessaire à la vie des peuples, savoir : l'ordre, la stabilité, la subordination hiérarchique et toutes les forces sociales des peuples. Alors, au milieu de la confusion qui naît de la tempête soulevée par la révolution, surgissent à la surface et montent au premier rang tous les suppôts de l'enfer avec les vices et les passions qui épouvantent le monde.

« Or, la Papauté et l'Eglise, dans les desseins de la divine Providence et en vertu de la Constitution donnée par Jésus-Christ à son œuvre divine, ne peuvent avoir qu'un même sort ; l'une et l'autre doivent partager les mêmes destinées ici-bas. Tout ce qui menace le Chef visible a son contre-coup inévitable dans le vaste ensemble du corps mystique de l'Eglise ; si le Vicaire de Jésus-Christ est en péril, il est évident que l'ère des persécutions et des catacombes s'approche pour tous les fidèles de notre sainte religion.

« En Italie, la Révolution a dépossédé le Pontife souverain de son pouvoir temporel, de l'autorité qui lui permettait le libre exercice de son Pontificat suprême, et cet attentat est à peine consommé qu'il n'est plus question que de mettre la main sur l'autorité spirituelle et de soumettre au joug des lois civiles et des pouvoirs humains Celui qui a été élevé par Dieu au sommet de la céleste et divine hiérarchie.

« La Révolution ne s'arrêtera pas dans cette pente fatale ; et, de même que le jour où Lucifer et ses légions se révoltèrent ils descendirent tous des hauteurs du ciel dans les profondeurs de l'abîme, ainsi la révolte sociale, la tempête déchaînée, en viendra, par une nécessité qui lui est imposée par la logique du mal, à porter une main sacrilège sur la personne sacrée du Vicaire de Jésus-Christ, où elle le réduira à errer, sans asile, au milieu de l'immensité des mers et à travers une terre étrangère.

« L'histoire doit nous éclairer et nous instruire par les

éclatantes leçons qu'elle nous met sous les yeux dans ses pages les plus authentiques. Depuis le jour à jamais néfaste pour la grandeur, la prospérité et la prépondérance de notre chère patrie, où les mandataires de la nation française furent assez aveugles pour mettre la main sur leur roi et lui trancher la tête sur l'échafaud, la France a cherché en vain la stabilité. Pendant quatre-vingts ans, elle a fait des essais de république qui ont abouti à un règne de César ; ensuite les tentatives de restauration ont amené le régime constitutionnel sous un roi qui règne et ne gouverne pas, et nous sommes retombés dans la république pour revenir à un empire césarien , et finalement retourner à notre premier point de départ.

« Au milieu de ces oscillations, malgré tous les efforts, nous avons subi l'invasion étrangère ; notre territoire a été morcelé, et les forteresses de nos frontières ont été remises aux mains de nos ennemis. Au point de vue social, tels sont les résultats du grand crime commis par le renversement du pouvoir suprême et par la mort violente de celui à qui Dieu avait confié le sceptre et remis les rênes de l'autorité souveraine.

II

« Mais les attentats contre l'autorité spirituelle sont bien autrement redoutables pour les peuples et les nations. Le jour où le Vicaire de Jésus-Christ, cette clef de voûte de l'ordre moral, sera jeté à terre, repoussé et soumis aux dérisions des impies et des méchants, le monde recevra de Dieu un tel châtiment que les annales de l'histoire n'en auront jamais enregistré un semblable. Le Pontife romain est l'oracle de la vérité sur la terre, le docteur des rois et des peuples ; il ne peut descendre du rang suprême où il est placé sans que toute la terre ne soit ébranlée dans ses bases, car Dieu lui a fait des promesses éternelles.

« La révolution obligera l'auguste Vicaire de Jésus-Christ à errer sans asile, soit au milieu de l'immensité de l'Océan, soit sur un sol plus ou moins hospitalier. A l'heure où les puissants qui président aux destinées des nations auront laissé par lâcheté, par impuissance ou par une cause quelconque le grand crime se consommer, il n'y aura plus d'ordre social ; le sceptre échappera des mains des empereurs et des rois ; le glaive de la justice sera impuissant ; les trônes seront brisés, et les couronnes disparaîtront au milieu de la boue et du sang qui coulera dans les guerres, les divisions et les discordes civiles, car le Pape a été établi le fondement de toute société. — Que l'Europe y pense !

« L'Eglise ne craint pas la mort pour ses enfants. A ses yeux, la robe teinte du sang des martyrs est un vêtement de pourpre et le plus envié des ornements. Les Pontifes romains, pendant trois siècles, ont succombé par la mort violente du glaive, après avoir subi les amertumes de l'exil, les oppressions et tous les genres de maux. Pie IX a dans son grand cœur les mêmes résolutions que ces légions innombrables de martyrs dont l'Eglise chante la gloire et qu'elle célèbre dans ses annales ; il ne craint pas de donner sa vie en holocauste pour notre salut. Ceux qui connaissent les membres du clergé savent bien qu'ils regardent comme un grand privilége et un honneur de mourir pour Dieu.

« Si nous élevons notre voix pour conjurer les hommes d'Etat de ne pas laisser un attentat si criminel se consommer contre le Vicaire de Jésus-Christ, ce n'est point pour fuir le calice de la Passion et sauver sa vie, aussi précieuse qu'elle soit ; en cette circonstance solennelle, nous parlons surtout en vue d'éviter aux nations et aux individus des calamités sans nombre, des guerres fratricides comme celle que nous avons eue pour anéantir la Commune. Notre avertissement a pour but d'épargner des torrents de sang, des ruines, des désastres et des malheurs dont la seule pensée fait frissonner d'épouvante.

« Le Vicaire de Jésus-Christ est préparé à aller, fugitif et errant, partout où le bon Dieu le conduira, sans savoir où reposer sa tête, à l'imitation de son divin Maître ; Agneau plein de douceur, il n'ouvrira point la bouche pour maudire ses ennemis, il priera au contraire pour eux. Si Dieu veut le sacrifice de sa vie et couronner son règne mortel par la gloire impérissable du martyre, il n'hésitera pas ; comme Pierre, il s'étendra avec joie sur la croix ; il présentera sa tête au glaive ou sa poitrine à la balle meurtrière, et cela sans hésitation et sans trouble. — Les légions de prêtres et de religieux, si la chose est nécessaire et dans le cas où le Ciel en disposera ainsi, marcheront aussi sur les traces de ceux qui ont versé leur sang pour être une semence de chrétiens et la source du triomphe de l'Eglise. Mais nul ne saurait être assez insensé pour croire que l'ordre pourrait être possible au milieu de crimes semblables, tolérés ou consentis d'une manière quelconque. Le sang du Pontife saint qui est assis sur le trône indéfectible de Pierre ne peut être versé, de même que son siége ne peut être ébranlé sans que le torrent de la Révolution soit déchaîné sur l'Europe ; c'est pourquoi nous avons dit que cette question est celle de la vie ou de la mort.

« Nous sommes sur une pente fatale : la Révolution n'a pas

désarmé ; sa haine et sa fureur sont plus grandes que jamais. Nous ne conseillons pas la guerre, mais les questions de ce genre sont de celles, lorsqu'elles sont parvenues au degré de gravité où nous les voyons, qui ne se résolvent ni par le glaive ni par la force : c'est au ciel qu'il faut recourir par l'intermédiaire de l'Auguste Marie.

« Chaque prière a pour effet certain de détourner un malheur, de diminuer un fléau, d'éviter un désastre. Les châtiments inévitables qui nous menacent seront d'autant moins terribles que nous aurons prié davantage. La mesure de la prière sera celle de la préservation et du salut. »

(Rosier de Marie.)

La France et l'avenir.

Ces prévisions, j'allais dire ces éclairs, sillonnant les sombres nuages du présent, éclairent l'avenir de la France, cet avenir qui peut être demain !...

Déjà l'on peut reconnaître d'avance la justesse de ces divers pronostics, qui, tous, tendent à la même idée mère : « Ce que nous sommes appelés à voir ne sera point une *révolution contraire*, mais le *contraire de la révolution.* »

« Or, et c'est M. de Maistre que nous laissons parler, à la date de 1796, pour faire la Révolution française, il a fallu renverser la religion, outrager la morale, violer toutes les propriétés et commettre tous les crimes ; pour cette œuvre diabolique, il a fallu employer un tel nombre d'hommes vicieux, que jamais peut-être autant de vices n'ont agi ensemble pour opérer un mal quelconque. Au contraire, pour rétablir l'ordre, le roi convoquera toutes les vertus : il le voudra sans doute ; mais, par la nature même des choses, il y sera forcé. Son intérêt le plus pressant sera d'allier la justice à la miséricorde ; les hommes estimables viendront d'eux-mêmes se placer aux postes où ils peuvent être utiles ; et la religion prêtant son sceptre à la politique, lui donnera les forces qu'elle ne peut tenir que de cette sœur auguste. »

Quel magnifique programme ! C'est lui que renferme la belle lettre du comte de Chambord, et qui semble impossible à réaliser, tant il est en contradiction avec un long passé de fautes, de crimes et naguère d'horreurs sauvages !...

« Français ! s'écrie M. de Maistre, c'est au bruit des chants infernaux, des blasphèmes de l'athéisme, des cris de mort et des longs gémissements de l'innocence égorgée, c'est à la

lueur des incendies... que vos séducteurs et vos tyrans ont
fondé ce qu'ils appellent — *votre liberté*.

« C'est au nom de Dieu très-grand et très-bon, à la suite
des hommes qu'il aime et qu'il inspire, et sous l'influence de
son pouvoir créateur, que vous reviendrez à votre constitution, et qu'un roi vous donnera la seule chose que vous de-
viez désirer sagement, — *la liberté par le monarque.* »

Ne dirait-on pas que ces lignes ont été écrites au lendemain des saturnales de la Commune de 1871 plutôt qu'après
les ignominies de 1793? 1793 et 1871, deux dates sœurs,
double terreur de l'échafaud et de l'incendie !...

Et en 1815, à la chute du premier empire, lisez ces paroles
qu'on croirait inspirées par la prévision du cataclysme du
second empire, en 1870 :

« L'Europe entière est dans une fermentation qui nous
conduit à une révolution religieuse à jamais mémorable, et
dont la révolution politique dont nous avons été les témoins
ne fut que l'épouvantable préface. Pour nettoyer la place,
il fallait des furieux; vous allez maintenant voir arriver l'architecte. »

Écoutez encore, encore, et admirez cette vue si perçante :
« Mille raisons me prouvent que nous touchons à une révolution morale et religieuse, sans laquelle le chaos ne peut
faire place à la création. La main de la Providence se fait
sentir visiblement; nous ne voyons encore rien, parce que
jusqu'ici elle n'a fait que nettoyer la place, mais nos enfants
s'écrieront, avec une respectueuse admiration : *Fecit nobis
magna qui potens est.* « Il est impossible que vous n'ayez pas
ouï nommer un livre ancien, intitulé : *Gesta Dei per Francos.*
C'est une histoire des croisades. Ce livre peut être augmenté
de siècle en siècle, toujours sous le même titre. Rien de grand
ne se fait dans notre Europe sans les Français.

« Les Français, dit-il, ont été, en 1793, ridicules, fous,
atroces, etc., tant qu'il vous plaira; mais ils n'ont pas moins
été choisis pour être les instruments de l'une des plus grandes
révolutions qui ne soient faites dans le monde; et je ne puis
douter qu'un jour (qui n'est pas loin peut-être) ils n'indemni-
sent richement le monde de tout le mal qu'ils lui ont fait;
car, le prosélytisme est leur élément, leur talent, leur mission même; et toujours ils agiteront l'Europe, en bien ou en
mal. Il se peut faire sans doute, que la France souffre encore
de grandes convulsions,

> Qu'elle-même sur soi renverse ses murailles,
> Et de ses propres mains déchire ses entrailles;

mais à la fin tout finira comme je vous le dis. »

Et qui donnait donc à M. de Maistre, en dehors des lumières de la foi, le secret de ces étonnantes prévisions? L'expérience du passé, qui est la leçon de l'avenir.

Dès 1818, l'Allemagne frappait les regards de notre philosophe catholique :

« La fermentation germanique, écrivait-il alors, est au
comble : le protestantisme chancelle visiblement sur ses
bases... Les plus grandes conversions ont frappé tous les
yeux... Les préjugés se dissipent ; les haines s'éteignent.

« Tout annonce un changement général, une révolution
magnifique, dont celle qui vient de finir (à ce qu'on dit) ne
fut que le terrible et indispensable préliminaire. »

Comme le disait tout récemment un homme d'esprit :
« Dieu laisse au diable le soin de démolir, puis sur la place
nette, le grand architecte élève un palais dont le plan était
tracé de toute éternité. »

C'est ce que nous venons de voir et ce que nous verrons
encore avant peu ; car, tout n'est pas fini, tant s'en faut !...

En 1819, M. de Maistre écrit ces lignes dont la vraie date
serait plutôt 1871 ; jugez-en par la citation que voici et qui
mérite d'être profondément méditée :

« L'état présent de l'Europe fait horreur, et celui de la
France en particulier est inconcevable. La peinture d'un seul
département convient en plus ou en moins à tous les autres.
La Révolution est debout, sans doute, et non-seulement elle est
debout, mais *elle marche, elle court, elle rue.*

« La seule différence que j'aperçois entre cette époque et
celle du *grand Robespierre*, c'est qu'alors les têtes tombaient
et qu'aujourd'hui elles tournent. J'ai peine à croire que l'état
actuel ne finisse pas de quelque manière extraordinaire et
peut-être sanglante. »

N'est-ce pas là ce que nous venons de voir, il y a à peine
deux mois, et au sein même de Paris, le centre de la civilisa-
tion, en un siècle qui se glorifie d'avoir *à peu près* aboli la
peine de mort, sans doute, pour la voir remplacer par l'assas-
sinat !...

Mais suivons, et à la date de 1819, écoutons encore les
étonnantes paroles que voici :

« Il est infiniment probable que les Français nous donne-
ront encore une tragédie ; mais que ce spectacle ait ou n'ait
pas lieu, voici ce qui est certain. L'esprit religieux, qui n'est

pas du tout éteint en France, fera un effort proportionné à la compression qu'il éprouve, suivant la nature de tous les fluides élastiques. Il soulèvera les montagnes, il fera des miracles. Le Souverain-Pontife et le sacerdoce français s'embrasseront, et dans cet *embrassement sacré* ils étoufferont les maximes gallicanes. Alors le clergé français commencera une nouvelle ère et reconstruira la France, et la France prêchera la religion à l'Europe, et jamais on n'aura rien vu d'égal à cette propagande...

« Tout me porte à croire que les affaires de la France se lient à des événements généraux et immenses, qui se préparent et dont les éléments sont visibles à qui regarde bien ; mais ce majestueux abîme fait tourner la tête. »

Il y a plus de cinquante ans que M. de Maistre consignait cette étonnante et si lumineuse prévision, dont il était donné à ces derniers temps de saluer (car, ils sont prochains) les splendides et miraculeux résultats.

« L'homme — c'est encore M. de Maistre qui parle, — l'homme, dans son ignorance, se trompe souvent sur les fins et sur les moyens, sur la force et sur la résistance, sur les instruments et sur les obstacles. Tantôt il veut couper un chêne avec un canif, et tantôt il lance une bombe pour briser un roseau ; mais la Providence ne tâtonne jamais, et ce n'est pas en vain qu'elle agite le monde.

« Tout annonce que nous marchons vers une grande unité que nous devons *saluer de loin*, pour me servir d'une tournure religieuse. »

« Nous sommes douloureusement et bien justement broyés ; mais si de misérables yeux, tels que les miens, sont dignes d'entrevoir les secrets divins, nous ne sommes *broyés* que pour être *mêlés*.

« La Révolution française, *qui va son train*, ressemble à la lance d'Achille, qui avait la vertu de guérir les plaies qu'elle avait faites. » C'est la traduction de cette parole du prophète :

« L'iniquité se ment à elle-même.

« Les flèches que lancent les méchants retombent toujours sur eux. »

Toulouse, imprimerie Rives et Privat, rue Tripière, 9.

CONCLUSION

LE LENDEMAIN D'UN GRAND JOUR

Nous voici au lendemain du grand jour du Pontificat de Pie IX :

« Le 23 août 1871, la terre a été témoin d'un événement sans précédent depuis dix-neuf siècles.

« Ceux qui ont vécu avant nous ont vu des Papes martyrisés, des Papes chassés de leurs siéges, des Papes mourant en prison ou en exil pour avoir aimé la justice et haï l'iniquité, mais un Pape dépassant sur le trône pontifical les années, les mois et les jours de saint Pierre, jamais on ne l'a vu.

« On a vu quatre royaumes d'Italie, celui-ci est le cinquième ; on a vu Rome assiégée et bombardée comme elle l'a été cette année au 20 septembre ; on a vu le Quirinal envahi et le Palais apostolique devenu palais impérial ; on a vu d'autres aventuriers, au Capitole, mais un Pape dépassant les années de saint Pierre, cela ne s'était pas vu.

« Un jour de l'année 1860, Pie IX, traversant les galeries du Vatican, rencontra un jeune Français ; il le prit par la main et le conduisit avec lui et tout à coup, il s'arrêta devant le tableau qui représente le crucifiement de saint Pierre et il dit en poussant un soupir : « Cher enfant, *voilà mon portrait !* »

« Et voici que Dieu a voulu que Pie IX fût le portrait vivant de saint Pierre dans ses douleurs, aussi bien que dans sa gloire. Comme saint Pierre il a enduré la cruauté des Hérode et des Néron, les mensonges d'Ananie et de Saphire, les impostures de Simon le magicien, la prison Mamertine et un crucifiement plus pénible, parce qu'il est plus long ; aussi comme saint Pierre, après avoir siégé au milieu des successeurs des apôtres au Concile du Vatican, comme saint Pierre y siégea au Concile de Jérusalem, après avoir vu tous les évêques du monde se soumettre sans exception à son infaillible autorité, après avoir entendu la prière persévérante de l'Eglise s'élevant des quatre points du monde pour abréger sa captivité, a-t-il pu voir, assis sur la chaire de ce même Pierre, toutes les années, tous les mois, tous les jours de son Pontificat !

« Le Pontificat de saint Pierre s'ouvre par sa noble réponse faite à Caïphe et aux Scribes de Jérusalem, quand ils voulaient l'obliger à ne pas parler de Jésus-Christ : « *Non possumus !* Non, non, nous ne pouvons pas taire ce que nous avons vu et entendu. » Et voilà que ce même *Non possumus* résume tout le grand Pontificat de Pie IX, depuis l'allocution du 29 avril 1848 jusqu'à la fameuse encyclique : *Quanta Cura* et au fameux *Syllabus*.

« *Non possumus*, a dit Pie IX aux révolutionnaires qui voulaient le choisir pour le chef de la *Jeune Italie*; *non possumus*, a dit Pie IX aux puissants du monde qui voulaient le forcer à demeurer silencieux en face des erreurs modernes qui mettent en péril l'Eglise et la Société. Et voici, qu'en récompense du *Non possumus* de saint Pierre, répété avec tant de force, tant de courage, tant de constance, Pie IX a obtenu le premier, entre tous les Papes depuis saint Pierre, la faveur singulière, de voir toutes les années, tous les jours, tous les mois de son pontificat !

« La Rome d'aujourd'hui ne ressemble, hélas ! que trop à la Rome du temps de saint Pierre, et on peut aujourd'hui en donner l'éloquente définition qu'en donnait saint Léon : « C'est une forêt de bêtes frémissantes, et un océan de profondes tempêtes. » *Sylvam frementium bestiarum et turbulentissimæ profunditatis oceanum.* »

« O spectacle digne des cieux ! Pie IX, déjà triomphateur de l'hypocrisie, de l'hérésie, de la révolution, le voici maintenant triomphateur de la mort : comme le Christ, dont il est la personnification vivante, il peut s'écrier : O mort ! je serai ta mort ! « *Ero mors tuas o mors !*..

« La révolution, n'est-elle pas la mort de l'ordre, de la paix et de la sûreté publique? la mort de la justice, de la bienfaisance et de l'amour ; la mort de la propriété, la mort de l'honneur et de la véritable gloire ; pourquoi donc la vie miraculeuse de l'immortel Pie IX ne serait-elle pas la mort de cette horrible mort? Oui ! oui ! Pie IX sauvera ce monde.

« O enfer ! si déchaîné contre l'Eglise, regarde Pie IX toujours il vit ! et en vivant il triomphe ; et il se rit de ta rage : *morsus tuus ero inferne !* »

Père saint ! Pontife bien-aimé ! Ces paroles quelqu'éloquentes qu'elles soient ne suffisent pas pour célébrer tes gloires ; il faut la parole inspirée passant par la bouche de celle que tu as couronnée d'un diadème immortel ; oui, comme Marie, tu peux déjà t'écrier :

« Le Tout-Puissant a fait en moi de grandes choses. »

Et bientôt tu pourras ajouter :

« Il a renversé du haut de leur trône usurpé mes superbes oppresseurs, et il a exalté son humble Pontife. »

Oui, l'heure de l'exaltation approche. Le *trône d'or* que tu refuses dans ton humilité, Dieu te le prépare dans la gloire, et le nom de *grand* que tu ne veux pas, Dieu te le donnera aux applaudissements du ciel et de la terre.

L'Eglise va se relever plus brillante et plus belle :

la société sera reconstruite, un monde nouveau va paraître : la proclamation de l'Infaillibité et les années de Pierre en sont le gage assuré.

O France ! ô ma patrie sèche tes larmes ! Dieu t'offre un moyen infaillible de résurrection, montre-toi fidèle à ta sainte mission de fille aînée de l'Eglise, ta vie, ton honneur en dépendent : console le cœur de Pie IX par ton amour filial, inébranlable, absolu ; PROTESTE en face du monde contre ses iniques et stupides bourreaux et proclame hautement que si tu ne peux les broyer encore par les armes, tu te réserves l'avenir !

Charrette et ses immortels zouaves l'ont dit, tous tes nobles enfants le pensent, dès lors sois tranquille. Comme Pie IX, bientôt tu seras triomphante, comme Pie IX, bientôt tu seras grande, et bientôt la main du Tout-Puissant te replacera sur ton trône de Reine des nations,

C'est la foi de nos cœurs et par elle nous aurons la victoire !

Et hæc est victoria fides nostra.

Croisade ! Croisade !

Dieu le veut ! ! !

Toulouse, ce 24 août 1871.

———

ERRATA

Page 19. — Au lieu de ricannant *sans cesse*, lisez : *sous cape.*
Page 40. — Au lieu de *front* de Dieu, lisez : *trône.*
Page 44. — Au lieu de *Cormenin*, lisez : *O'Mahony.*

———

Toulouse, imp. RIVES et PRIVAT, rue Tripière, 9.

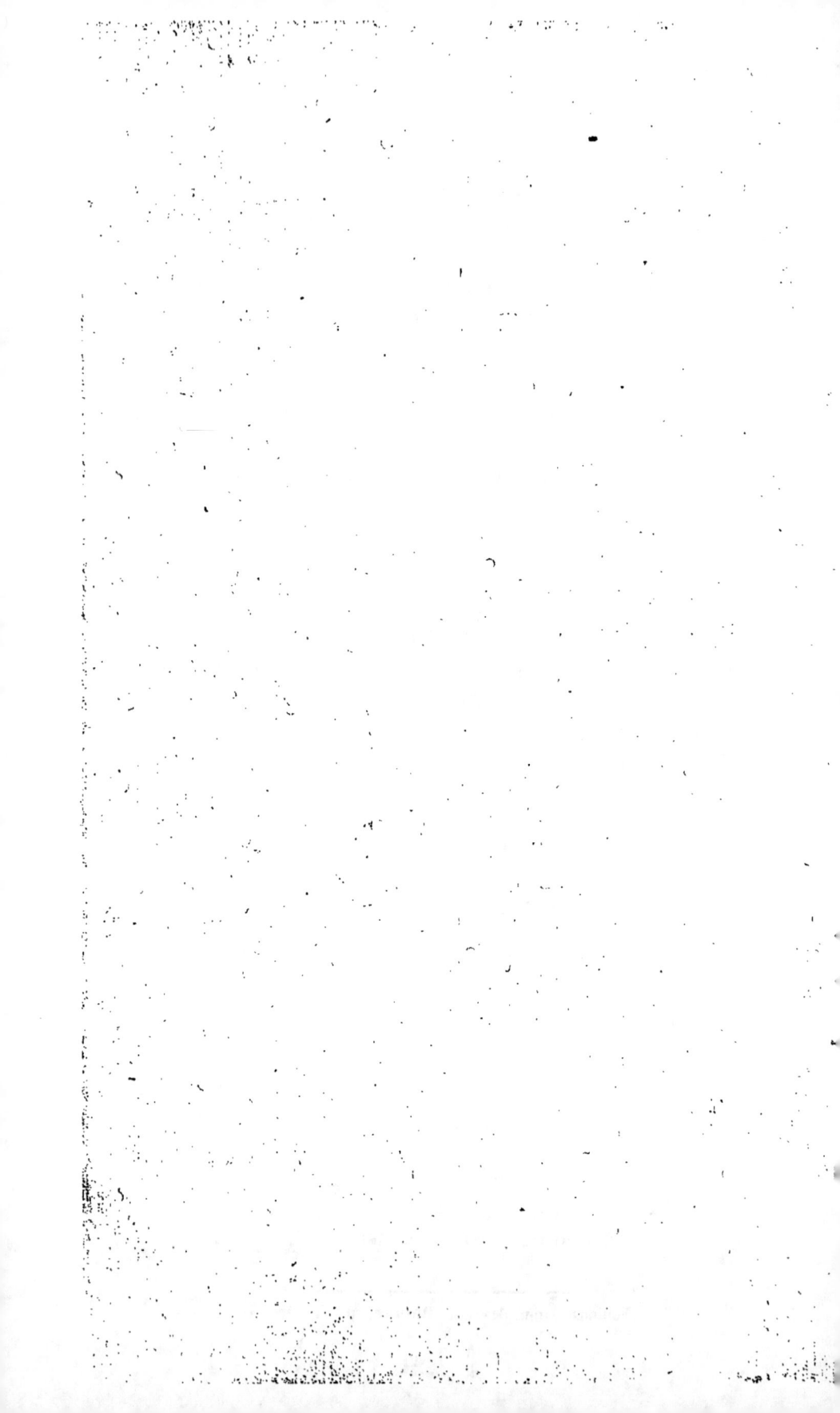

www.ingramcontent.com/pod-product-compliance
Lightning Source LLC
LaVergne TN
LVHW022139080426
835511LV00007B/1171